伝説の名言タクシー

一期一会の物語

大阪で生まれた
“人生の奇跡”

名言タクシードライバー
おのまこと

ビジネス社

大きく道を間違えた、あの日の僕に「間違いは誰にでもある」と、おつりさえ受け取らずに降りていった、あの方に感謝を込めて……。

はじめに

僕のメンタルはボロボロだった。

ある年の年末、仕事中に上司に呼び出され、「もう、年明けからは来なくてもいいから」と、突然の解雇を告げられた。

数日前のクリスマスに起きた事件が発端だった。

僕は女性の友達から、あるクリスマスパーティーに誘われて会場に行ったのだが、どうも様子がおかしかった。みな狂ったように踊り始め、会場は狂喜乱舞に包まれたのだ。僕は彼女を救い出さなければと思い、助けを求めて会場を脱出したが、スタッフたちが僕を追いかけて来た。あわてて近くの交番に逃げ込んだのだが、スタッフは逆に「おかしくなった僕を救いに来た」と言って、警察も僕の訴えを信じてくれなかった。

そんな出来事があった翌日、警察は僕の職場にそのことを確認したらしい。おかしいのは僕だったのかと。

僕はその年のうちに解雇された。あまりにも理不尽な解雇に、僕は布団から起き上がることもできなくなった。悔しさとやるせなさで、陽の光を見ることさえつらかった。僕はそこから人生のどん底を味わった。

夜になりやっと布団からはい上がる生活が続き、「こんな自分じゃダメだ」と心の中ではわかっていても、何もすることができない。そんなとき、部屋の隅に置いてあったノートパソコンを開いた。何か自分を励ましてくれるようなことはないかと。

むろん、元気になれるような本を読むことさえできない僕は、パソコンで「何か名言くらいなら見ることができるだろう」と、「名言」と検索した。

すると、検索エンジンの上のほうに「3秒でハッピーになれる！　名言セラピー」というブログがあった。何げなくブログを開いてみると、そこには名言とそれにまつわるエピソードが書かれていた。

正直、心を打たれた。

まさにセラピーであって、僕の心の傷をやさしく包んでくれたのだ。

僕は、このブログが更新される日を心待ちにするようになった。すると、「毎日、夜の12時に更新されます」と書いてある。まさに夜中に起き出す僕に贈ってくれるものだと思った。

ブログの著者は、ひすいこたろう。

僕は、この人に会いたくなった。そして、実際に会いに行き、人生が変わっていった。新しい人生の幕開けだった。

そこから再就職しようと思った僕は、ハローワークで新しい職探しをするまでに回復した。しかし、どの仕事も門前払いだった。それもそのはず、技術も資格も何もない僕を雇ってくれるはずもない。

唯一ある資格といえば、自動車免許だけだった。そこでようやく、どうせなら好きなことを仕事にしようと浮かんだ仕事が、タクシードライバーだった。

もともとドライブが好きだったこと、そして、仕事を休んでも誰にも迷惑をかけなさそうだったこと。そんな理由でタクシードライバーが浮かんだのだ。

そこで面接に向かったタクシー会社。朝9時の面接で、朝起きることができないでいた僕は、11時に会社に着いた。採用されないことはわかっていたが、面接時間に遅れたことを謝ろうと思い、勇気を持って事務所のドアを開けた。

すると、事務所の所長は大遅刻のことはまったく触れず、「昼飯でも食いに行こう」と僕を食事に連れ出した。そして、何の事情も聞かずに「午後から住民票の手続きやら、保険の手続きをする」と言って、こんなダメな僕を採用してくれたのだ。

いまもって、なぜ採用されたのかわからない。

でも、感謝の気持ちでいっぱいになったことは忘れない。そこからの僕は、少しずつではあるが、確実に変わることができたのだから……。


こうして僕はタクシードライバーになった。

人に裏切られ、人生のどん底を味わった僕が、人と接するタクシーの仕事などできるのだろうか。1人ぼっちの自分がタクシーという孤独な空間に耐えることができるのだろうか。

そんな思いで始めたタクシードライバー。この本は、僕が出会った人たちとのさまざまな出来事と、その出来事を通して僕の人生がちょっとずつ変わっていく様を描いた実話だ。そして、僕が出会った奇跡のようなこともつづっている。

そんな話にお付き合いいただき、そこから何か感じ取っていただければ、著者として望外の喜びだ。

2025年3月　今年もまた、桜の花が芽をつけ始めた頃に

おのまこと

〈編集部注〉この本の物語は、著者がタクシードライバー時代に経験した実話ですが、詳細につづることのできない箇所は一部編集させていただきました。

また現在、著者はひすいこたろう氏の師範代を卒業しておりますが、当時の出来事や感情をそのまま表現しています。

目次

伝説の名言タクシー
一期一会の物語

CHAPTER 2

驚き

タクシーに乗車する刺激的な人たち

CHAPTER 3

悲しみ

人の数だけ悲しみがある。そんな僕だって……

CHAPTER 4

日々

人は誰かの支えによって生きている

CHAPTER 5

人生

僕が気づいた幸せの探し方

CHAPTER 1

喜び

お客さんの笑顔とともに タクシーは今日も走る

奇跡のお客さん

僕がタクシードライバーになったばかりの頃の話だ。

ある日、お客さんがとても丁寧に、間違えやすいところもしっかり説明してくれたのにもかかわらず、僕は大きく道を間違えてしまった。

タクシーには、もちろん電車のようにレールはないので、どの経路で行くのかを、お客さんに提案や確認、場合によってはちょっとした打ち合わせなども必要になってくる。

まあ経験上、一番多いのが、「お任せします」だが……。

しかし、例外のようなお客さんもいる。「前の赤い車を追ってくれ！」といった、ドラマのシーンに出てきそうなことも実際にあるし、「お金はいくらかかっても構わないから、一番早く着く経路で」という依頼も少なくない。

この「お金より、時間で」という依頼がどういうことかというと、単純に最短距離が早いとは限らず、大回りするほうが早い場合もあるからだ。いわゆる「急がば回れ」なのだが、大回りする分、料金メーターも上がる。要は、お金に糸目はつけないから時間の早い経路でということだ。

また、観光客によくあるのが、御堂筋《みどうすじ》や道頓堀《どうとんぼり》橋といった、歌にも出てくるような〝観光道〟を通ってほしいという依頼。ほにも、「車の少ない静かな道を……」という、ドライバーにとっては経路の選択に困るものもある。

お客さんは、僕が想像する以上に千差万別だ。

ただ最近（当時）では、お客さんがスマホのアプリで目的地の画面を見せてくれて、希望の経路を伝えてくれたりする。これは、経路確認等の時間短縮にもなるし、ドライバーにとってもわかりやすく、運転に集中できて助かる。

いや、話を最初に戻すが、道を大きく間違えてしまった僕は、すぐにお客さんに謝った。

正直、完全に動揺していたが、なんとか目的地へ着くことはできた。

料金メーターの数字は、正しい経路に比べ、倍ほどになっていた。あらためて、お客さんに謝り、

「お代はけっこうです」

と言いかけると、そのお客さんは、

「間違いは、誰にでもある」

と、料金受けにメーター通り、いや、おつりさえ取らずに静かにタクシーを降りていった。

ひと言も間違いを責めることもなく、むしろ僕を気遣うように……。

僕は、何が起こったのか一瞬わからずに混乱した。

――どういうことなんだ……。

僕が動揺している間に、すでにそのお客さんは人混みの中へと消えていってしまった。

――世の中にはこんな人がいるのか……。

僕はしばらくの間、運転席で固まったままハンドルを握ることさえできずにいた。


僕はこれまで、何か失敗をしたら、その代償を払うことが当然のことだと思っていた。そもそもタクシードライバーを始めた理由も、資格らしい資格も必要ないし、運転免許だけでこと足りたからだ。そして、ドライブが好きだという単純な理由で始めただけだった。

売り上げの4割から6割が現金支給という給与形態で、当初は売り上げも低かった。長く続けていく自信もなく、何か代わりの仕事があれば、すぐにやめてもいいと思っていた。

しかし、このお客さんによって、僕のそうした考えは飛んでいった。

――世の中にはこんな素敵な人がいるんだ！

タクシードライバーをやっていれば、またこんな素敵な人に会えるかもしれない……。すぐにやめるのはもったいない。しばらく続けてみよう。このタクシードライバーを……。

その日から、僕は仕事探しをやめた。

間違いは誰にでもある
どんな人にも

これはあのお客さんが言った正確な言葉だ。

思えば僕は、失敗だらけの人生だった。

そんな自分を、毎日責めていた。その僕に、お客さんが残してくれたこの言葉は、人生で忘れられないものだった。


失敗だらけの自分を許そうと思えた。

やる気もなく始めたタクシードライバーだったが、この仕事には何かがある。

その後、僕は「名言カード」をお客さんに渡すようになったが、この言葉が、僕が勇気をもらった最初の〝名言〟だったのだ。

だから、お客さんが降りたあと、僕はしばらく運転ができなかった。

涙があふれて……。

あのときから、タクシードライバーを続けてよかった。

いまでもその街を通ると、「あの人はいないだろうか」と、自然と探している自分がいる。同じお客さんが違う日に違う街で乗ることもあれば、同じ日に同じお客さんが二度乗ることもある。しかし、その方とは、二度と会うことはなかった。

でもあの日から、素敵なお客さんにたくさん会うことができた。

このエピソードを書いているいまも、僕は本当に運がいいと思える。自分を責め続けていた人生で、千載一遇であのお客さんに出会えたなんて……。

もしもどこかで、あのお客さんにまた出会えたら、この本をプレゼントして、お礼を言いたい。

ただ、涙で言葉になるのだろうか。

名言カード誕生

タクシーのドライバーを始めて、僕は心温かいお客さんから教えられることがたくさんあった。時には涙するようなこともあって、それまでダメ出しばかりしていた自分が少しずつ変わっていくように思えた。

そのきっかけは、僕のメンタルがボロボロになり、布団から出ることができなくなったときに、「3秒でハッピーになれる！　名言セラピー」というブログを見たときからだ。

そして、このブログの著者である、ひすいこたろうさんにどうしても会ってお礼が言いたいと思い始めた。講演会もやっていることがわかった僕は、まずは何より彼の著書を探し始めた。すると、ブログからまとめられたものが書籍になっている。

『3秒でハッピーになる　名言セラピー』（ディスカヴァー・トゥエンティワン刊）。

僕は書店で本を買って、家に戻ってゆっくりとページを繰っていった。

ページをめくりながら受けた新たな衝撃。

僕は生涯の相棒となるこの本を持って、ひすいさんに会いに行った。初めて会うひすいさんに僕は緊張しきりだったが、そのときの様子をのちにうかがったら、ひすいさんには僕が殺気立って映ったらしい。でも、参加者の人たちもやさしい人たちばかりで、僕を温かく受け入れてくれた。そんな人たちに囲まれて、僕はいつしか講演会があるたびに参加し、まるで追っかけのようになっていった。

名言カードの誕生は、瀬戸内海に面した四国、うどんの街での講演会終了後、講演会の参加者たちとのカフェタイムのときだった。そして、僕がタクシードライバーを始めたという話の流れから、ひすいさんが僕にこう言った。

「名言カードをタクシーでプレゼントすればいいよ！」

「名言カード？　タクシーで⁉」

僕はタクシーでお客さんに名言カードを渡すなんて、けっこうハードルが高いと思いつつ、ほかならぬ敬愛するひすいさんからの提案だったので、まずは何も考えずに始めることにしたのだ。

はじめのうちは、タクシーの広告用のカードの裏にお客さんの様子をうかがいながら恐る恐る書いていた。ただ、知らない人にいきなりプレゼントすることについてはかなりの抵抗感もあって、なかなか渡すことができなかった。

しかし、ついに、決行の日がきた。僕が自分自身の背中を押して初めて渡した名言カードだった。

今日という日は、昨日亡くなった人が、
なんとしてでも、生きたかった日

いま思うと、いきなりこんな大それた名言カードをもらって、びっくりしたことだろう。でも、そのお客さんは「何？」という感じではあったものの、たしかに受け取ってくれたのだ。これを機に、僕は名言カードを書き続けるようになった。それも大真面目に書いていた。

その反応は意外にも好評だった。

たとえば、中之島の国際会議場で開かれていた、ある学会へ向かう医学者さんは、名言カードを見ながら、「まったくその通りだ。ありがとう」と笑顔になって降りていった。

僕はいつしか、名言カードをプレゼントすることに抵抗感がなくなっていった。そして、名言カードを渡すのが楽しくなった。

その後も、僕はほぼ毎月、ひすいさんの講演へと向かった。日課ならぬ〝月課〟だ。そして、半ば押しかけ弟子のような形となったが、あの日、彼のひと言がなかったら名言カードは誕生することはなかった。

だから僕のタクシーは、いつでもこの本と一緒にいる。

僕の新しい1ページを待ちながら……。

名言カードのテレビ出演

後部座席に座っているだけで、陽気な雰囲気を醸《かも》し出しているお客さんだった。道中、名言カードをプレゼントさせていただくと、ユーモアたっぷりに、ちょっとおとぼけな声でカードの裏面に書いてある僕の肩書を読み上げた。

「ほお、伝説の名言タクシードライバー、まことちゃん」

そう、僕がお客さんに渡す名言カードには、『伝説のタクシードライバーおのまこと』と、自画自賛満タンの肩書が書いてある。

お客さんが音読した声がやたらおかしくて、大笑いしそうになるのをこらえながら、僕はそれに応じた。

「伝説というのは、自画自賛です」

「ええんや、ええんや、こんなん、言うたもん勝ちや」

お客さんがやさしい言葉を返してくれたおかげで、その後の車内は楽しい会話が続いた。

「まことちゃんは、いつからこんなことしてんの?」

「1年半ほど前からです」

「伝説のタクシードライバー……。伝説歴、1年半ですか、わりと最近やね」

「はい」と言いつつも、僕はもう笑いがこみ上げた。

「まことちゃんが好きな名言で、『これは！』というのはある？」

「はい。幕末の志士の高杉晋作の言葉で、高杉率いるわずか84名のほぼ素人の部隊が、約2
00名もの正規軍に戦いを挑《いど》み、勝利したという奇跡の一戦がありまして……。そのとき
に、高杉晋作が発したとされる、

『これより、長州男児の腕前をお見せする』

という名言が大好きです。ほかには、

『足を引っ張るなら、手を引っ張るから、ともに前へ進もう』

という言葉も気に入ってたりもします」

「ほう、それは歴史的な名言と敵をも愛す名言ですな。では、私からも、まことちゃんに名言
をプレゼントしよう」

「お客さんから！　ありがとうございます」

「そう、私からまことちゃんへ、感謝を込めて」

人生間違いだらけで、間違いなし

お客さんは、これまでの愉快《ゆかい》な表情から真顔になっていた。実はそのとき、すでに目的地に着いていて、運転席からお客さんと向き合っていたので、表情もはっきりわかった。

「ど、どういう意味ですか？」

僕が恐る恐る訊くと、

「間違わへん人間なんかおらん。人は間違う。けどな、間違えた先には何かがある。だから、『人生間違いだらけで、間違いなし』や」

たしかに、人は誰しも間違い、失敗することがある。しかし、間違った先に、気づきや学び、出会いなど必ず何か意味があるということだ。

「感動しました。本当にありがとうございます」

すると、お客さんはもとの愉快な表情に戻って、

「また頼むから。俺の友達も乗せたってや」

そう言ってタクシーを降りていった。

それから数週間経ったある夜、部屋で寝ていると何度も電話が鳴り続けた。僕が寝ぼけて電

話に出ると、

「テレビ観て！　いますぐ！　ダウンタウンの……！」

　と、叫ぶ声が……。

　――ダウンタウンの番組がどうしたんだろう。

　電話からのただならぬ様子で、寝ぼけながらもリモコンに手を伸ばし、テレビを観た。すると、僕の「名言カード」がテレビに映っていた。

　番組では、ある芸人さんがタクシーに乗ったときのこと、名言カードをもらったときのことを熱く話していた。

　それはあのとき、僕に素敵な名言をくれた、笑福亭笑瓶さんだった。

　笑瓶さんは、とても大げさに、そのときのことを話していて、僕はテレビを観ていて恥ずかしくなってしまい、また布団に潜り込んでしまった。


　そもそも僕はタクシードライバーになりたかったわけではなく、さまざまな失敗を重ねて、この道を歩んできた。だから失敗は間違いではなく、笑瓶さんにも出会えたのだ。

　まさに、人生間違いだらけで間違いなしだった。

　もし間違いを悔やんだりすることがあれば、そのおかげで必ず未来に何かがある、物事を見る方向を変えればいいと、あの人は教えてくれた。未来から見ると、過去の間違いは間違いじゃないかもしれないのだから……。

笑瓶さん、ありがとうございます。

いまでもあのときの笑瓶さんの声と笑顔が浮かんでくる。天国の笑瓶さんへこの回を贈りたい。

ギリギリギャグ

梅田で信号待ちをしていると、営業職のふうの女性が乗り込んできた。スーツ姿がきちっとしていて、仕事の移動中っぽい雰囲気だなと思った。多忙そうな様子だったが、この人はどこか柔らかい空気をまとっていた。

いつものように名言カードを渡そうと思い、「どうぞ」と声をかけると、彼女は驚いたように目を丸くしてこう言った。

「前にももらいました！　しかも、いまも大事に持っています！」

そう言うとバッグの中からそのカードを見せてくれた。しっかりと保管されていて、折れ目ひとつない状態。感動するしかなかった。こんなに多くのタクシーが走っている中で、偶然にもまた僕のタクシーに乗るなんて……。

運転しているこちらこそ「奇跡だな」と思ったが、彼女は「すごい偶然ですね！」と笑顔で話してくれた。

しかし、僕は次の言葉に少し驚かされた。

「実は前に名言カードをもらったあと、営業部でその話をしたら、否定されてしまったんです。それがちょっと悲しくて……」

どうやら、彼女の職場の誰かが「そんなの意味ない」というようなことを言ったらしい。せっかく彼女がいいなと思って共有した話が、そんなふうに片づけられたのだろう。どれだけ気にしていたかわからないが、きっと自分の中で何か引っかかっていたんだろうなと思った。

そんな流れで、彼女がこう聞いてきた。

「お金のために書いてるんですか？」

一瞬考えたが、僕は正直に答えた。

「うん、また乗ってくれたらいいなーって思ってるから、そういう部分もあるかな」

それを聞いた彼女の目が、どこか悲しそうに見えた。でも話には続きがあったので急いでこう続けた。

「でもさ、書いている瞬間は、笑ってもらえたらいいなーって思ってるよ。そうじゃないと続かないしね」

彼女は少し考えたあと、「よかった……」と小さな声でつぶやいた。その声には安堵《あんど》感がにじんでいて、ほんの少しだけ彼女の心が軽くなったように感じた。その瞬間、このやり取りはこれで終わりにしておくべきだったが、つい口がすべった。


「けど、下心もあるし……」


そう言ったとたん、彼女が吹き出した。思わずこちらも笑いがこみ上げてきて、「受けた！」と胸をなでおろした。正直なところ、内心ではひやひやしていたのだが……。

「ギリギリギャグ」というか、もしかしたらギリギリアウトだったかもしれない。けど、彼女が最後に笑顔で車を降りていったことで、結果オーライということにしておく。この仕事をしていると、毎回思う。ほんのひと言で相手の気持ちが動くこともあれば、その逆もある。

タクシーという小さな空間での短い時間が、こんなふうにちょっとしたドラマになるのが面白い。彼女にとって、あの言葉は名言になっただろうか。

就活の女子大生

タクシードライバーを始めてから、その日の出来事をブログにつづってきたが、読んでくれているファンもできて、時折コメント欄に書き込んでくれる方がいる。ブログとコメント欄の文通のようだが、僕はこうしたやり取りが好きで、そのことをブログという形で返信していた。それはこんな感じだ。


運転席からお送りします。

最近、「タクシーはまだしているのですか?」とご質問をいただき、驚きました。

実は昨日も、乗務12時間と点検や洗車に2時間、合計14時間タクシードライバーをやらせていただきました。

点検や洗車も含めると意外とハードなのですが、この仕事をしていると本当にいろいろな出会いがあって、それが楽しいんです。ちなみに洗車は最近、営業所の有料洗車コーナーさんに出すことも多く、少し手を抜いてはいますが……。

昨日の出来事です。某タクシー乗り場で、待機中に運転席でYouTubeを観ていました。動画は8・6秒バズーカさんの「ラッスンゴレライ」。実は、最近知り合いに教えてもらって、なんだかクセになってしまったんです。リズムが頭から離れない！

すると、突然窓をたたく音がしました。見ると、就活中らしい女子大生が焦《あせ》った様子でこちらを見ていました。

「乗せてください！」

そう言われた瞬間、僕の心には「またか！」という思いがよぎりました。

あわてて窓を開けて、こう伝えました。

「乗っていただきたいのは山々なんだけど（女子大生だし……）、ここからはガードレールがあって抜け出せなくて、先頭のタクシーからしか乗れないんだ……」

先頭のタクシーを指差して早口で説明する僕。いっぽう、彼女は少し戸惑った様子。焦っていると周囲の状況が見えなくなるものですね。

彼女が「○時に○○町へ行くんです！」と言うので、僕はすかさず「大丈夫！　○○町ならじゅうぶん間に合うから！」と返しました。

それを聞いた瞬間、彼女はホッとしたような笑顔を見せました。その笑顔を見て、僕もちょっと安心しました。

しかし、彼女は不意にこう言いました。

「『ラッスンゴレライ』が好きなんですか？」

そうです。この会話の間も「ラッスンゴレライ♪　ふうー♪　いやちょっと待ってお兄さん♪」というあの歌がYouTubeから流れ続けていたんです。

僕は恥ずかしくなりながらも、「最近教えてもらってね。何かのネタになるかなと思って」と答えました。そのとき、ふと思いつきました。

「そうだ！　合格する歌を教えてあげよう！」

そう言って、僕は「ついてる♪」の歌を口ずさみながら教えました。面接前の緊張感を少しでも和らげてあげたい気持ちからです。彼女は笑いながら、「ありがとうございました！」と言って先頭のタクシーに向かって歩いていきました。

人と接する仕事をしていると、こうした一期一会のやり取りが心に残ります。女子大生が無事に面接を乗り越え、希望の未来に向かって進んでいくことを祈りつつ、僕も次のお客さんを迎える準備をしました。

代表取締役

僕がいつものように名言カードを渡していると、1人で乗車された女性のお客さんがカードを受け取って、代わりに名刺を差し出した。普段、名言カードを渡すときは「ありがとう！」と笑顔で受け取ってくれる人が多いけれど、名刺をくれる人はなかなかいない。それだけに、名刺を渡されるというのは新鮮で、ちょっと驚きだった。

その名刺を見ると、そこにはなんと「代表取締役」の肩書があった。そして彼女は続けてこう言ったのだ。

「2店目をオープンしたばかりなんです。この名言、すごくうれしいです！」

その言葉とともに、名言カードの写真を撮る彼女の姿はとてもうれしそうで、僕もなんだか胸が温かくなった。そして自然に口をついて出た。

「ありがとう！　おめでとうございます！」

すると、彼女が笑顔でこう返してくれた。

「実は私、25歳なんです」

——えっ！　25歳⁉

僕は思わず、「若っ！」と叫んでしまった。代表取締役、そして2店舗目のオープン。それがまだ25歳の若さで実現しているなんて、普通はなかなか想像できない。

だけど、その後の彼女の言葉はさらに僕の心に深く響いた。

「私からも名言をプレゼントします。『あきらめなければ、奇跡は起きます！』。起こるんですよ！　実際に起きたんです‼」

その言葉には力強さと説得力があった。きっと、ここまでくるのにいろいろな苦労があったんだろう。それでもあきらめなかったからこそ、彼女は自分の夢を現実にした。そして、その経験がこの言葉を重みのあるものにしているのだと感じた。

話の流れで、彼女は自分のお店のリーフレットを数枚、僕に渡してくれた。

「北堀江にあるお店なんです。よかったらどうぞ！」

北堀江といえばおしゃれな街だ。若いオーナーが経営するお店なんて、きっとセンスも良くて素敵な空間なんだろうなと思った。僕はそのリーフレットを手に取りながら、

「ありがとうございます！　ぜひ行ってみます！」

と答えた。でも、リーフレットをただ持っているだけじゃなく、ちゃんと配るのが僕なりの心意気だ。もちろん、その後しっかり配らせてもらった。

このエピソードを思い返すと、人との出会いの面白さをあらためて実感する。名言カードを通じて彼女と出会い、逆に彼女の経験や言葉から僕も励まされた。普段の生活の中でこうした思わぬ形で触れ合えるのが、名言カードの魅力でもある。

あきらめなければ、奇跡は起きる

彼女の言葉は、いまでも僕の心の中に残っている。そして、きっとこれからも僕を支えてくれるだろう。いや、それどころか、僕もこの言葉を誰かに伝え、勇気を与える役割を担《にな》えるかもしれない。

たった数分の出来事だったけれど、僕にとってはとても大きな意味を持つ時間だった。そして、彼女のように夢に向かって全力で進む人をこれからも応援していきたい。そんな気持ちで、今日も名言カードを配り続けている。

ニュースのあの人

某駅の短距離乗り場で、大きなマスクをした紳士が乗車された。物静かな雰囲気のその方に行き先を尋ねた瞬間、ピンときた。

「あっ、この人、ニュースでよく見る方だ……」

その興奮が抑えられず、思わず言ってしまった。

「テレビの方ですよね？」

我ながら突然すぎる質問に、少し失礼だったかなと後悔したけれど、その紳士は落ち着いた様子でこう答えてくださった。

「テレビ出演は本職ではありませんが……」

やっぱりご本人だ！　僕の心はさらに高鳴った。そして、つい続けて聞いてしまった。

「今日はどちらへ行かれるんですか？」

彼は静かに微笑みながら、こう教えてくれた。

「これから講演に向かうところです」

この方が直接話をされるなんて、どんな貴重な内容なんだろう。興味津々の僕は、普段から気になっていたことを質問する大チャンスだとばかりに、次々と話しかけてしまった。

質問、質問、質問の連続攻撃。それなのに、その紳士は1つひとつ丁寧に、しかも僕のような素人にもわかりやすく、時間をかけて答えてくれた。

車内は、まるで特別講義のような雰囲気に包まれた。あっという間に目的地の講演会場に着いた頃には、僕の頭の中は新しい知識でいっぱいだった。


そこでさらに驚いたのは、降車時の彼の行動だった。

「些少《さしょう》ですが……」と、通常の運賃より多めに支払ったのだ。

いやいや、むしろ僕が授業料を払わないといけないくらいだ。そう思いつつも感謝を伝えると、さらに彼は僕が持っていた名言カードを指して、こう言ってくれた。

「いいですね、こういうものを配っているなんて素晴らしい活動です」

そのひと言で、僕の胸はいっぱいになった。なんて温かい方なんだろう。

そして彼は静かに講演会場へ向かわれたが、僕は心の中でずっと「ありがとうございます」とつぶやいていた。その後もずっと、その方が話してくれた言葉の1つひとつを思い返していた。

テレビでニュースを解説している姿からは、どこか遠い存在に感じていたけれど、実際にお会いすると、親しみやすく、誰にでもやさしく丁寧な方だった。これからテレビでお見かけするたびに、きっと彼の話にもっと耳を傾けたくなるだろう。

小川和久さん、ありがとうございました。

忙しい講演前にもかかわらず、多くの質問に答えていただき、しかも名言カードまで褒めていただいた。タクシーの中でずっとしゃべらせてしまい、講演中、お声は大丈夫だったろうか。そして、お渡しした名言カード、小川さんのお役に立てたのだろうか。

ともあれ、こんな貴重な体験ができたのも、日々名言カードを配っているおかげかもしれない。これからもこうした素敵な出会いを大切にしていきたいと思った。

Rホテル

久々にやってしまった。中之島のRホテルさんと西梅田のRホテルさんを間違えて、お客さんをお送りしてしまったのだ。ホテルの玄関の手前で、お客さんの「リ……ホテル……?」と言う声で気がついたのだが、もう遅かった。

「ごめんなさいっ。Ｒホテルさんと、Ｒホテルさんを間違えましたっ！」

もう思わず大声で叫ぶと、申し訳ないやら恥ずかしいやらで体が熱くなってきた。

リーガロイヤルさんとリッツカールトンさんを間違えるとは！

合っているのは、「リ」だけだ。

大至急、本来の目的地へと言いたいところだったが……そのお客さんは赤ちゃんを胸に抱いていた。

タクシーにはベビーシートがない。はやる気持ちを抑え、慎重に、できるだけ揺れないように間違えたホテルの玄関前を素通りした。不思議そうにしているドアマンに会釈をして、もう1つのＲホテルへと向かった。

2つのホテルの間は数分の距離だった。とはいえ、この数分間がとてつもなく長く感じた。

何度も強くアクセルを踏み込みそうになりながらも、車に衝撃を与えまいと本来の目的地へ着いた。とにかく後部座席のドアを開けようと安全確認のために振り返ると、トレーには、お札が数枚置いてあった。

「申し訳ありません。お代はけっこうですので……」

僕が言い終わらないうちに、赤ちゃんを抱いたそのお客さんは、

「あなたは、私たちが乗ったときに、冷房をオフにしてくれたでしょう？　この子が、小さく

くしゃみをしたのを見て、すぐに冷房をオフに。それで、運転席側の西日やら暑さで、2つのホテルを勘違いしたのでは。そうでしょう?」

そう言うやいなや、カバンを手にして降りようとしていた。

あの「間違いは誰にでもある」と言ってくれたお客さんのときと同じだった。おつりさえ受け取ろうとしない。

今度こそは、きちんとお札をお返ししようとしたが、ホテルのドアマンがタクシーの横に着いていて、手際よくドアを開けた。

すると、僕の声を抑えるように微笑んで、そそくさとタクシーを降りてしまった。

車寄せには、すでに別のタクシーがきていて、別のドアマンに前に進むように合図された。

結局、感謝の言葉も伝えられなかった。以前の、僕に名言をくれたお客さんのときのように、やさしいお客さんにまた出会えた。

神様は観ている
どんな小さなことも

僕は自分自身に名言を投げかけた。

ホテルを間違えたのは明らかに僕の失敗だ。エアコンをオフにしたのも、そのお客さんに合わせて調整しただけだ。たしかに赤ちゃんの様子を見て反射的にオフにしていたから、自分でも忘れていたぐらいだった。

その日は陽射しが強くて、右手が日焼けしていたが……。

神様のようなお客さんは、すべてを観てくれていた。

もう一度、神様に会ってお礼がしたい……。

しかし、次々にタクシーが入ってくる有名ホテルだ。玄関前にタクシーを停めるわけにもいかず、僕はまた前を向いて、そのホテルを後にした。

僕はまた同じ状況で、同じことができるだろうか。

有名ホテルに泊まる方だから、オーバーした金額ぐらいたいしたことはないのかもしれない。うれしかったのは、おつりを受け取らないことではなく、失敗した僕を逆に褒めてくれたことだ。

世の中には神様のような人がいる。僕は昔に観た、映画『ペイフォワード』のような世界が本当にあるのだなと反芻《はんすう》していた。

あれから、あのお客さんのマネをしようとしているが、なかなか自分にはできない。だが、少しずつでもマネをしていこう。

「1000キロの道も1メートルから」というではないか。

「千里の道も一歩から」だったか……。

京都のおばあさん

もみじが色づき始めた秋深き頃、昼どきに少し時間が空いたので「大阪城の近くでひと休みでもしようかな」とタクシーを停めた。窓を開けて心地よい外の空気を吸い込むと、視界の隅に女性2人組が見えた。どうやらこっちに向かって歩いてきている。

何だろう?と思っていると、彼女たちは近づいてきて、おずおずと声をかけてきた。

「京都……行って、くれますか?」

少したどたどしい日本語だったので話を聞いてみると、韓国から来た旅行者らしい。どうやら初めての日本で少し戸惑っているようだった。幸い、この辺りからなら第二京阪という高速道路を使えば、京都まではあっという間だ。

「それならお任せください」と笑顔で答え、タクシーを出した。

道中、彼女たちは車窓から見える風景に目を輝かせていた。片言の日本語で「日本、すごくきれい」と話しかけてくれる。その純粋な反応にこちらまでうれしくなり、「これから行く京都もとても素敵ですよ」と言うと、2人は「楽しみです!」と笑顔で返してくれた。

京都に着くと、彼女たちは「ありがとうございました!」と感謝の言葉を残してタクシーを降りていった。旅の始まりが良い思い出になるといいなと心の中で思いつつ、再びタクシーを走らせた。

ところが、ここからがちょっとしたハプニングの話だ。

その日は「時代祭り」という京都の大きなお祭りがあったらしく、あちこちで通行止めになっている。道は大混雑で、まるでカタツムリがのろのろと進むようなスピードしか出せない。おまけに雨が降っているせいか、なおさら道は車であふれ返っていた。

「こんな日は、少しのんびり行こうか」と思い始めたそのとき、ふと車道に立つ1人の女性が目に入った。

両手に荷物を抱えたおばあさんが、こちらをじっと見つめている。雨が降る中、傘も差さずに車道へ降りてきたので、僕は驚いて窓を開けた。

「回送になっているのは見えたのですが、この先まで乗せていただけませんか?」

と、おばあさんは申し訳なさそうに言うではないか。

通常、大阪のタクシーは京都でお客さんを乗せることはできない。それがルールだ。でも、雨の中、ほかにタクシーも見当たらない状況で困っているおばあさんを見ていると、僕はどうしてもそのままにしておけなかった。

「人命救助ということで、お乗りください」

そう言っておばあさんをタクシーに招き入れた。もちろん、メーターは押さずに……。

おばあさんは気さくな人で、車内では京都の小路や昔ながらのお店についてたくさん話してくれた。「この辺りにはね、こういうお店があるのよ」とか、「あそこの小路の奥には素敵な場所があるのよ」とか、ガイドブックに載っていないようなマル秘スポットを次々教えてくれる。その話を聞いているうちに、「次の休みには行ってみたいな」と思うほど、魅力的な話ばかりだった。

目的地に着くと、「叱《しか》られますから」と断る僕をよそに、おばあさんは「これだけは受け取って」とお礼をそっと置いてタクシーを降りていった。そのときのやさしい笑顔がいまでも忘れられない。

あのおばあさんに教えてもらったお店や小路、今度は自分の足で歩いてみようと思う。車からでは見えなかった景色や、きっと新しい発見があるに違いない。そんなことを考えながら、僕はその日の仕事を終えた。

2人の紳士

僕は純日本人で、和食が大好きだ。とくに朝は味噌汁《みそしる》が欠かせない。

そんな僕のタクシーに、ある日、少し日本語に訛《なま》りのある紳士が2人、ご乗車になった。品の良い身なりで、静かに行き先を告げられたあとは、2人で日本語ではない言葉で会話をしていた。

――韓国語かな……。

僕は心の中でそう思った。というのも、最近、韓国や中国からの観光客がとても増えていたからだ。営業所でも、簡単な語学講座が開かれるほどだった。僕も「まぁ、覚えるだけ覚えてみよう」と軽い気持ちで参加してみたが、こういう場面では少しは役に立つのかもしれない。

行き先は国道沿いの場所で、道はまっすぐ。普段ならなんてことのないドライブコースだ。ところが、その日は少し様子が違った。途中で、ふと体に違和感を覚えた。めずらしく――本当にめずらしく、眠気が襲ってきたのだ。

――ヤバいな……。

瞬時に緊張が走る（こんなことがバレたら、クビだってあり得る）。

何ごともなかったように運転を続けるフリをしながら、ちらっとルームミラーで後部座席を確認すると、1人の紳士と目が合った。

――あぁ、終わった。確実にバレた……。

内心ひやひやしていると、その紳士が突然口を開いた。

「眠くなる時間帯ですよね」

彼の訛りのある日本語は、静かに、そしてどこか温かみを感じさせる声だった。そのひと言に、不思議と体がしゃきっと目覚めた。

——なんて素敵な日本語の使い方だ。

僕の頭の中は完全にすっきりしていた。彼のそのひと言は、どんな高級なエナジードリンクよりも効き目があったのだ。

目的地に着き、2人が降りる準備を始めると、僕は営業所の簡単な研修で習った韓国語を思い出した。少しでも感謝の気持ちを伝えたくて、つたない発音でこう言った。

「チョウンヨヘンテセヨ（良いご旅行を）」

すると、その韓国紳士たちは再びやさしく微笑んで「カムサハムニダ」と言い、静かにタクシーを降りていった。その笑顔が心にじんわりと染みて、なんだか誇らしい気持ちになった。

タクシーの中での短いひとときだったけれど、そこには温かい心の交流があった。その日あらためて思ったことは——まだまだ、世界は広い。人の心に触れるたびに、その広さと奥深さを感じる——ということだった。

さて、次はどんな出会いが待っているだろうか。

無名の偉人

僕の勤務している会社は良心的で、日勤の乗務時間が最長で12時間と決まっている（法的には、たしか16～18時間までだったような気がする）。

ある日、営業所の近くまで帰ってきて時計を見たら、あと30分ほどで12時間だった。もう5分も走れば営業所という交差点の赤信号で止まっていると、歩道から手を振っている親子連れがいた。

親子連れといっても、おばあさんとその息子夫婦だ。僕は窓を開けて、正直に「あと30分ほどしか乗務時間がなくて。お近くですか？」と訊ねると、「近くです！　駅前の……」ということだったので、それなら大丈夫と喜んでご乗車いただいた。

ところが、なぜか駅へ向かう道が途中から動かなくなってしまった。

――まいったな。あと30分で帰れるかな……。

と思っているると、僕の焦っている気持ちを察したかのように、後ろの座席から、

「降りて、ゆっくり歩こうか？」

と相談している声が聞こえた。たしかに、歩いたほうが早そうな感じになっていた。やが

て、息子夫婦が僕にそのことを告げた。

「運転手さんの帰る時間もあるし、ゆっくり歩きます」

「いいや時間は仕方ないですからいいですよ。それより、おばあさんは大丈夫ですか？」

僕はおばあさんが心配だったが、笑顔で降りていかれた。ただ、帰り道を「2つ目の交差点を左折すると早いですから」と、ひと言添えて……。


実は、僕は普段、大阪府の中心部を走っているので、郊外にある自分の営業所の近くの道をあまり知らない。そして、その親子連れが降りてから数分が経って、ようやくその交差点の手前で信号待ちをしていると、先ほどタクシーを降りた息子さんが息を切らしながら、こっちへ向かって走ってきた。

――どうしたんだろう？　忘れ物にしては様子が……。

怪訝《けげん》に思いながら窓を開けると、

「さっき左折と言ったけど、右折して帰ったほうが早いです」

――？？……！　それを教えてくれるために、わざわざ、走って戻ってきてくれたのか！

もう、絶句してしまった。驚いて声にならないぐらいだったが、かろうじて「ありがとうございます」とだけ返すと、信号が青になった。降りたタクシーがどうなろうと、お客さんには関係ないのに……。

世の中にはさわやかな人がいる。

タクシードライバーをやっていると、そんな〝無名の偉人〟とよく出会う。

ワンダフルワールド——●

真夏の陽射しで、黒色のタクシーのボディが灼《や》けて、触れると軽く火傷《やけど》するくらいのある日のこと。大きなグリコの看板のある御堂筋の道頓堀橋の上で、僕は信号待ちをしていた。すると、ほとんど胸の高さほどもあるキャリーケースを押しながら、車道へ出ようとする可愛いらしい女性がいた。

——危ないなあ。

そう思って見ていると、その女性は僕のタクシーを見つけてこちらへと向かってきた。

——まさか、僕のタクシーに乗るつもりか⁉

歩道沿いの側道にはタクシー乗り場がある。御堂筋は6車線。左から2車線目で信号待ちしていたこちらへ向かってくるとは思わず、僕はあわてた。

その女性を見ると、長い髪を揺らしながらフラついていて、小さな手で支えていた自分よりも大きなキャリーケースはいまにも倒れそうだった。

信号はすぐに青に変わりそうだったが、僕は見るに見かねず安全を確認してハザードランプを点け、後部ドアとトランクを開けてから運転席を降りた。そして、後続の車に合図をしてから、その女性を招き入れた。やはり彼女は、一心不乱に僕のタクシーを目指していたようだった。

キャリーケースをトランクに積んで運転席に戻ると、その可愛らしいお客さんは汗をかいていて、どこか上の空のように少しボーッとした感じの瞳を浮かべていた。

「新大阪駅へ」

少し疲れ気味な彼女は、一生懸命の笑顔で行き先を告げた。

信号はすでに青になっていて、僕は急いでタクシーを発進させた。

——観光だろうか？　それにしても荷物が大きすぎるような……。もしかして家出か？　可愛らしい彼女の顔と大きな荷物はイメージからあまりにもかけ離れていて、笑顔のわけを知りたくなった。

「帽子とメガネで、アラレちゃんみたい」

彼女は少し笑ってくれたので、うるさいかなと思いつつも会話を続けた。

「ひとり旅？」

「はい、歌を歌っていて、昨日は心斎橋《しんさいばし》でコンサートがあって。47都道府県を歌いながら回っているんです！」

——えっ！ 20歳ぐらいにしか見えないけど……。

僕も〝ある作家さん〟の講演の追っかけで全国へ行くし……。もうこの可愛いお客さんを応援するしかない。

——いまこそ名言カードだ。いま名言を出さずにいつ出すんだ！

そう思った瞬間、ほぼ同時に言葉が浮かんだ。

歌は可能性（×2）と、
欠かせない君でできている！

『歌』という文字には、可能性の『可』という文字が2つあり、その隣には『欠』という文字がある。

「歌には可能性を倍以上にする力がある。それには君の歌声が欠かせない！」というわけだ。

手前味噌だが、これ以上にない名言だ。

胸まである黒髪とキャップをかぶった黒ぶちメガネのアラレ姫は、名言カードを読むなり歓声を上げて喜んでくれた。

ちなみに名言カードは、女子の中でも「姫」に喜ばれる。不思議だが例外がない。聞けば、連日の移動とコンサートで心身ともにまいっていたらしい。無理もない。こんな大きな荷物を1人で運びながら全国を旅しているのだから。

そこからは、もう本当に楽しいドライブだった。こんな可愛い姫とドライブするのが仕事だなんて、なんて最高な仕事なんだろう、タクシードライバーという仕事は。


彼女は神田莉緒香《りおか》さんというシンガーソングライターだった。

駅に着くとうれしいことに、「一緒に写真を」と言って、莉緒香さんが自撮りをしてくれた。

「次のコンサートは？」

すると近々、神戸の三宮でコンサートがあるとのこと。

もちろん、行く約束をした。

莉緒香さんはタクシーを降り、また長い髪を揺らしながら、大きなキャリーケースを押して駅の雑踏の中へ消えていった。

数週間後、コンサートへ行くと莉緒香さんはピアノを弾きながら歌っていた。

ある歌の中に、「バツをカケルに」という歌詞があった。もしかするとそれで、名言カードの可能性×2に、あれほど反応してくれたのだろうか。

コンサートは観客からお題をもらって即興で歌ったりというコーナーもあり、大盛り上がりで幕を閉じた。

コンサートが終わって、真っ先にロビーでCDとタオルを買うと、莉緒香さんがサインをしてくれて、写真も一緒に撮ってくれた。実は、撮影は禁止ということを僕は知らずに係の人に止められた。しかし、莉緒香さんは笑顔でOKしてくれたのだ。

気がつくと、僕の後ろに大行列ができていた。

神田莉緒香さんは、大人気のアーティストだったのだ!

僕の人生には「×（カケル）」ではなく、たくさんの「×（バツ）」があった。ただ、ひすいさんの名言本を読み始め、夢中になった頃からバツが変わっていった。

「名言セラピー×タクシードライバー＝名言タクシー」

気がつくと、たくさんのバツが、たくさんのカケルへと変わっていったのだ。

その後、莉緒香さんは僕とのエピソードをブログに書いてくれた。シンガーソングライターのブログに載るなんて、タクシードライバーを始めた頃には、もちろん想像もしなかった。

僕の大好きな彼女の歌『ワンダフルワールド』。

そう、欠点は欠かせない点だったのだ。

欠点だらけの僕から名言タクシーという、欠かせないものが生まれた。

名言カードを欠かせない誰かへプレゼントすることで生まれる物語が、いまでは僕の〝欠かせない喜びと可能性〟となった。

僕はいま、もちろん神田莉緒香さんの『ワンダフルワールド』を聴きながら、この話を書いている。

ついてるソング

僕が人前で歌うのが平気になったのは、中学生のときに出会った音楽の先生の「光の言葉」がきっかけだった。当時、歌うとよく笑われていた僕に、先生が毅然《きぜん》としてこう言ってくれた。

「小野くんは歌がうまい。音楽のプロの私が言うんだから」と。

そのひと言が僕の心を灯《とも》してくれた。それからは歌うことへの恐れがなくなり、むしろ自信を持てるようになった。

作文も似たような感じで、国語の先生が僕の文章を絶賛してくれたことがあった。それから文章を書くのが楽しくなって、こうして名言を書けるようになり、みずから名言タクシーと言うようになった。

誰かに褒められる言葉——「光の言葉」というのは、本当に不思議な力がある。

むろんタクシードライバーとしての自信も、これまでに出会った人たちの言葉が支えてくれた。僕が25歳の頃、元テストドライバーのおじさんに運転を教わったことがあった。そのおじさんは運転技術を丁寧に教えてくれたうえで、「君、運転うまいよ」とずっと僕を褒め続けてくれた。その言葉がいつまでも心に残っていて、「俺、プロ級かも」と思えるくらい自信になったのだから。

そんなある日、タクシー乗場でちょっとした出来事があった。

僕の乗車の番が近づいたとき、列の先頭にはスーツ姿の男性がいた。見ると、その後ろには元気そうな女の子2人組が並んでいて、正直、「あの女子たちを乗せてみたいなぁ」と考えていた。

そういったときは、僕の必殺技「ついてるの歌♪」を心の中で歌う。

「ついてる、ついてるー、ついてるっ♪」と。

するると不思議なことに、男性が急に警備員と話し始め、なんと順番が変わって後ろにいた女子たちが僕のタクシーに乗り込んできたのだ！

――これこそが「『ついてるの歌♪』の力だ！」と、心の中でガッツポーズしながら女子2人組を迎え入れた。


「ユニバーサルスタジオなんですけど、いいですか……」

もちろんんだ！　そして、茨城県の水戸から来たという女子学生たちと愉快なドライブが始まった。話をしていると、驚いたことに、その水戸女子たちは、ユニバがメインの目的ではないらしい。

「ホテルがユニバーサルスタジオの近くで……。メインは大阪城なんです！」

「大阪城？　なんで？」

僕はてっきり大阪城ホールでアイドルのコンサートか何かがあって、それで大阪城と言っているのではないかと思っていた。

「私たち『歴女』なんです、それで『豊臣』が大好きなんです」

「豊臣……」

僕は豊臣好きな女の子（学生）を初めて見たので、あぜんとした（水戸は徳川……）が、彼女たちは目をキラキラさせながら豊臣を語っていた。大阪城がメインではるばる水戸からやって来た彼女たち……。

僕は名言カードにこうつづった。

大阪城を大阪商人は、だいはんじょう（大繁盛）と読む

水戸女子たちは大受けしてくれた。

僕は「大阪城だけじゃなくて、真田丸《さなだまる》のスポットもあるよ」と教えると、「えっー！ そんなところもあるんですか？」とすごく喜んでくれた。最後には「ありがとう！」と笑顔でおつりを断られるというおまけつき。いやぁ、やっぱり「ついてるの歌♪」はすごい！

振り返ると、僕がこうして楽しみながら仕事や趣味に向き合えるのは、音楽の先生や国語の先生、そして人生で出会ったたくさんの人たちからもらった「光の言葉」のおかげだ。とくに音楽の先生にはもう一度会って、「あのとき、先生が言ってくれた言葉がいまも僕を支えてく

れています！」と伝えたい。

そして実は、「カバに似てる」と失礼なことを言ってしまったことを謝りたいのが、僕の一番伝えたいことだったりもしている。

先生に教わったギターは、いまも弾いている。おかげさまで、敬愛なるひすいさんを讃えた歌を作詞作曲して弾き語りまでするようになった。

先生の言葉が僕の光となり、いまも道を照らしてくれている。

「光の言葉」と「ついてるの歌♪」。この２つは僕の人生を彩《いろど》る宝物。これからもその光を胸に人生を歩んでいきたい。

映画監督

世界16カ国で上映された映画監督であり、「へそ道」の生みの親である、あの天がついている入江富美子さんが僕のタクシーに乗車された。

普段からいろいろなお客さんを乗せているが、正直なところ、今回は特別に緊張した。というのも、入江富美子さんといえば、初めての映画作品が世界中で放映されるという映画界では伝説的な存在で、しかも、彼女の作品に感動したことがある僕にとっては、あこがれの人が目の前にいるわけだから、緊張しないはずがない。

彼女は輝くようなエネルギーを放つ驚異的な元気さを持った方で、そばにいるだけで、こちらまでパワーが湧いてくるような、まさに「人間充電器」のような存在。きっと多くの人が彼女の周りに集まってくるのは、その底抜けに明るい魅力のせいだろう。それでいて、とても謙虚で自然体であるのだから余計に素晴らしい。

乗車中の僕はといえば、光栄すぎて緊張のあまり、安全運転に全集中するのがやっとだった。彼女との会話を楽しみたい気持ちもあったが、失礼があってはいけないと思い、運転に徹することで精いっぱいだった。

それでも道中、入江さんは僕にやさしく話しかけてくれる。とにかく、終始和やかな雰囲気をまとっていた。

その雰囲気に少し緊張感が和らぐと、彼女と話をする中で、ふと思い出したことがあった。それは、入江さんが俳優の竹野内豊さんが好きだという噂を耳にしたことだ。僕はそのエピソードを思い出し、「ふーちゃん（入江さんの愛称）は、竹野内豊さんが好きと聞いたんですが、彼がタクシードライバーを演じているドラマは観ましたか？」と何げなく質問してみた。

すると、予期せぬ驚くべき答えが返ってきた。

「あのドラマ――見たくないねん。好きすぎて――しんどいねん」

えっ⁉ と驚く僕に、入江さんは少し照れたような表情でそう言い切った。その言葉を聞いた瞬間、「好きすぎてしんどい」という言葉が僕の心に刺さってきた。それってまさに、胸がキュンとして切ない、でも幸せな気持ちそのものだからだ。

思わず「えっ⁉ 好きすぎてしんどいって、胸キュンで胸が苦しくなるんですか？」と聞き返すと、彼女は笑顔で「うん……！」と答えた。そのひと言が、なんだか青春映画のワンシーンのようで、僕はすっかり感動してしまった。

――ふーちゃんって、心の中で時が止まっているのかもしれない。きっと、心の中にいつまでも純粋な感情を持ち続けているからこそ、あんなにも感動的な映画をつくり出せるんだ。

彼女の素晴らしさにあらためて気づかされた。彼女の作品は国境を越え、多くの人々に感動を与えている。その理由は、彼女自身が映画をつくるときに、人間の心の深い部分に触れるような情熱を注いでいるからなのだと思う。そして、そんな彼女の人間味あふれる日常の姿に触れた僕は、さらに彼女の次回作が楽しみになった。

――次はどんな物語を届けてくれるんだろう？

そう考えるだけで心がワクワクしてきた。きっと、また多くの人が心を動かされ、涙するような作品を届けてくれるはずだ。

その日は1日中、僕は彼女と過ごした刹那《せつな》を思い返しながら、タクシーの運転席で1人微笑んでいた。胸の中に「名言タクシーの映画化を」と思いながら……。

あの街の姫

遊廓街か料亭街で働いているらしい女性がタクシーに乗ってきた。これまでにも同じような女性を何人か乗せたことがあったけれど、彼女にはどこか特別な印象を受けたのを覚えている。少し緊張感がただよう雰囲気もあれば、妙に親しみやすさも感じられる。そのギャップを不思議に感じた。

車内に持ち歩いている名言カードを渡してみることにした。いつも手元に置いているものだが、乗車した全員に渡すのは少し勇気がいって、渡すことができない場合も多い。

けれど、彼女がカードを受け取ると、にっこり笑って「財布に入れておきます」と言ってくれた。その言葉がなんともうれしくて、心が温かくなるのを感じた。こんなちょっとしたことで、人と心を通わせられるのだと、あらためて実感した瞬間だった。

その勢いで、車内に置いてあったひすいこたろうさんと山下弘司さんの本『人生が100倍楽しくなる　名前セラピー』（マイナビ出版刊）を取り出してみた。「名前セラピーをやってみませんか?」と少しおどけるように言ってみると、彼女は少し驚きながらも、「いいですね」と乗り気になってくれた。そして、とても可愛い名前を教えてくれた。

最初はその名前を聞いて「きっと芸名だろう」と思い込んでいたが、彼女が「こういうのは本名のほうがいいでしょう?」と答えた。

——そうか、本名なんだ……。

彼女の名前は、そう言われると、なんとなく彼女の誠実さを表していた。

名前セラピーといっても僕に特別なスキルがあるわけではない。実際には、本の中に書いてある内容をそのまま読み上げただけだった。それでも彼女は興味を持ってくれたようで、少し笑顔を見せてくれるようになった。途中でつまずいたり、話が脱線したりする場面もあったが、そんな不器用さを彼女が受け入れてくれているような気がした。

驚いたのは、彼女の反応がこれまで接してきたビジネス街の女性たちとほとんど変わらなかったことだ。仕事の場所や環境が異なるだけで、どんな人も本質的には同じなんだと気づかされた。勝手な先入観を抱いていた自分が恥ずかしくもなったが、それ以上に、そんな考えが消えていく瞬間が心地よかった。

名言カードや名前セラピーが彼女にどれだけ響いたのかはわからない。ただ、少なくともあの短い時間、彼女が楽しそうにしていたことは確かだ。そして、僕自身もその時間を通して多くの気づきを得ることができた。

人と人との間に生まれる温かな瞬間、それはほんの小さなきっかけから始まるのだとあらためて感じた出来事だった。

あずさ

いつものようにお客さんに名言カードを渡した。小さなカードに、自分が大切にしている言葉を手書きで書き留めたものだ。

タクシーという空間の短い時間の中で、僕が感じたお客さんの雰囲気や表情、これからどこへ向かうのか。仕事なのか旅なのか、それは楽しい気持ちなのか、切ない何かの事情があるのか――僕が感じた中で思い浮かんだ言葉を書く。僕の書いた言葉がお客さんの心に少しでも響けばいい、そんな思いで始めたささやかな習慣だ。

その日も何げなく渡しただけだったけれど、受け取ったお客さんの表情がぱっと明るくなったのを見て驚いた。

「わぁ、素敵なカードですね」と目を輝かせながら笑顔で応えてくれた。心が通じたようでうれしかった。この反応をもらえると、自分まで幸せな気持ちになる。

うれしそうなその姿を見て、名前セラピーをやってみようと思い立つ。名前の響きや意味から、その人に合ったメッセージを読み取るちょっとした遊びだ。

「お名前は？」と尋ねると、その人は少し照れた様子で「あずさ……です」と答えた。

その瞬間、何ともいえない不思議な気持ちに包まれた。翌日、ひすいさんの講演会で長野県に行く予定があったのだが、大雨で鉄橋が流され、大阪・名古屋から長野への鉄道が不通になっていた。どうやって行こうか悩んでいたので、「（東京から）特急あずさもアリかな」とぼんやり考えていた矢先のことだった。

「あずさ」という名前を耳にしたのは偶然だろうか？　それとも何かのサインだろうか？

そう考えると、なんだか面白くなってきた。そんな気持ちのまま、ひすいさんに相談してみると、なんと「自分も特急あずさで行く」とのことだった。これはもう迷う必要なんてない。翌日は特急あずさで長野に向かうことに決めた。

旅の当日、特急あずさの車窓から見える景色は心を癒してくれるようだった。深い緑の山々がどこまでも続き、空気まで澄んでいる気がした。列車に揺られながら「あずさ」という名前がきっかけでこの道を選んだことを思い返し、不思議なめぐり合わせに感謝した。

ひすいさんとも旅の途中で合流し、楽しい会話に花が咲いた。「然《しか》るべき人に遇う」というひすいさんの言葉を思い出した。

あずささんとの偶然の出会いが、ただの移動を特別なものに変えた。小さな出来事も、受け取り方次第で人生に彩りを加えてくれる。

ありがとう、あずささん。

特急あずさと、この旅路を導いてくれた小さな偶然。

日常の中にひそむ、こんなささいな奇跡をこれからも見逃さないようにしたい。

浴衣の歌姫

夏の夕暮れ、風が少し涼しく感じる頃、僕の目に浴衣《ゆかた》姿の女性が2人映った。彼女たちは道端で手を挙げ、タクシーを待っているようだった。

その日は淀川花火大会の日。毎年恒例のこのイベントには多くの人が集まり、街全体が熱気と活気に包まれる。ただ、その反面、花火会場の近くの道路は大渋滞で、タクシードライバーにとっては避けたい状況だった。

僕の前にも空車のタクシーが2台いたが、どちらも彼女たちを素通りしていった。無理もない。会場近くは人さえ動けないほど混雑する。ドライバーとしては、その場所に突っ込むよりほかの場所を探したほうが効率的だ。それでも、僕は彼女たちの前で車を停めた。

なぜかはわからない（空車で停車は当然なのだが）。ただ、浴衣姿の女性たちが少し困った様子で立っているのを見て、放っておけなかったのかもしれない。

案の定、彼女たちのリクエストは「花火が一番よく見える場所に連れて行ってほしい」というものだった。やっぱりなと思いながら、僕はタクシーを走らせた。目的地に近づくほど渋滞はひどくなり、とうとう車はほとんど動かなくなった。外には花火を楽しむ人々の喧騒《けんそう》が響き、少しイライラしてきたところで、後部座席から声がした。

「歌を歌ってあげましょうか？」

いきなりの言葉に驚いてバックミラー越しに目を向けると、彼女たちはにっこり笑っている。話を聞くと、2人ともまだ高校生だという。浴衣姿がよく似合っている。思わず「えっ、じゃあ……うん」と答えると、彼女たちはまるでコンサート会場にいるかのように、透き通るような美しい声で歌い始めた。

その歌声は、ごったがえす人たちの大きな声やひしめく車のエンジン音をかき消すほど清らかだった。歌い終わると、彼女たちは「どうでした？」といたずらっぽく笑った。

僕はただ「ありがとう」としか言えなかったが、本当は心が癒されるような時間だった。渋滞のイライラを忘れられたことよりも、少しだけ夏の情緒を味わうことができたのだから……。

澄んだ瞳は澄んだ声を生む

歌い終わって僕を見る2人の瞳を見て、僕はお礼に名言カードを渡した。

その後、彼女たちは目的地近くでタクシーを降り、花火大会の人混みの中に消えていった。それからしばらく、彼女たちからタクシーの呼び出しが何度かあったが、いつも忙しくて迎えに行けなかった。そして、いつしか電話もかかってこなくなった。

時折、あの日のことを思い出す。あの道を通るたびに彼女たちの歌声がどこかから聞こえてくるような気がする。幻覚なのか、それとも本当に彼女たちが歌っているのかわからないが、浴衣姿の歌姫たちと過ごした短い時間は、僕にとって特別な思い出だ。

何度も通る淀川沿いの道。でも、彼女たちの澄みわたった歌声は、あの夏の夕暮れにだけ存在した記憶として僕の心の中に色あざやかに残っている。

二兎を追え

名言カード書くときは、てのひらにカードを乗せて書く。その時々のお客さんを感じて、浮かんだ言葉をそのまま書く。考えずに感じて書くことが、ほとんどだ。

この本では、名言を選択するまでの描写もある。しかしそれは、振り返ってみれば、そんな感じだったということで、書いている瞬間は直感だ。たとえば、数学でいえば式がなく答えが出てくる感じと言えばいいだろうか。

ある日、てのひらの上ではなく、なぜかハンドルを下敷きにして名言カードを書いたことがあった。するとカードがずれて、平仮名が崩れてしまった。

すべてはうまくいっている だいじょうぶ

この言葉は、僕がよく書いていた言葉で、「すべてはうまくいっている、すべってても、うまくいっている」を簡略化して書く言葉だ。

それで、どう文字が崩れたかというと、『は』という平仮名が崩れて、『し』と『よ』の2文字のようになってしまった。書き直したかったが、短距離のお客さんで書き直すタイミングもなく、読めるだろうかと不安になりながらも、そのまま名言カードをプレゼントさせてもらった。

それがなんと、そのお客さんは名言カードを読んだ瞬間に叫んだのだ。

「そうか！　すべてしようか!!」

――はっ？　とにかく喜んでいることには違いはないようだが……。

僕が怪訝に思っていると、お客さんはこう続けた。

「実は、どちらを選択しようか、迷っていることがあったんです。『二兎《にと》を追うものは一兎《いっと》も得ず』という言葉もありますからね。けど、どちらを選んだとしても悔いが残りそうだから両方ともやってみます！　おかげさまで、迷いが吹き飛びました！　ありがとうございます！」

お客さんは、興奮気味にこう続けた。

「それにしても『すべてしよう　うまくいっている　だいじょうぶ』って！　私がどちらにしようか迷っていることに気がつくなんて、あなたは本当は何者なんですか⁉」

『は』が崩れて『しよ』になり、『すべてしよう』と読めただけ。それは文字が崩れただけで――と思いつつも、お客さんのあまりの喜びように、僕も変な大声を上げてしまった。

「『二兎を追うものは一兎も得ず』という言葉もたしかにありますが、『一石二鳥』という言葉もあります！　両手に花ですから！」

いま考えると意味は微妙だが……。

ラーメンを食べるか、カレーを食べるか迷ったときは、カレーラーメンを食べたほうがいい。どちらかを捨てるなんてできないからだ。両方を生かせる道を選択するほうがパワーが出ると、自分自身、経験上そう感じている。

世の中に奇跡というものがあるのならば、たいてい捨てずにすべて挑んだときに起こるものだ。

そもそもやった後悔より、やらなかった後悔のほうが強い。しかも、挑まなかったら可能性はゼロ。挑む限り可能性はあるのだから……。

たんなる僕の失敗ではあったが、これもまた奇跡の瞬間だったのだと思う。

名言カードを書き始めてから、こうした偶然がよく起こった。

今回はたんなる書き損じだが、いつもと違う場所でカードを書いたことで、お客さんの気持ちとシンクロしたのかもしれない。直感で選んだ言葉も同様だ。偶然は、もしかしたら必然なのかもしれない。

あふれんばかりの笑顔で、くり返しお礼を言いながらお客さんは降りていった。

こんなうれしい気持ちを受け取れたのも、僕が勇気を出して、タクシードライバーの仕事とはほど遠い名言カードに挑んだからこそだ。

すべてはうまくいっている

すべってもうまくいっている

今回は、うまくペンがすべってくれた。

クリスマスイブ

クリスマスイブの夕方。最近は何やら忙しくて、少しでも早く家に帰りたいと思っていた。予定があるわけではないけれど、せめて明るいうちに家でのんびりしたい。そんなことを考えながらタクシーを走らせていた。

そうした思いとはうらはらに、この時期、街には多くの人が出ていて、結局次々とお客さんを乗せることになった。

なんとか早めに帰ろうと梅田にある観覧車の横を通りかかったとき、人混みの中で一生懸命に手を振る小柄な女性が目に入った。ほかのタクシーはその姿に気づかないのか、誰も停まらない。自分も「もう帰ろう」と思っていたのだが、どうも気になって僕はその女性の前でタクシーを停めた。

車に乗り込んできたのは、本当に小柄なおばあさんで、彼女は小さな声で「花園ラグビー場の近くまで。阪神高速で」と伝えてきた。

それを聞いて思わず笑みがこぼれた。営業所の方向だからだ。今日もついていると思いながら、高速のスロープを上がっていくと、街のイルミネーションが一面に広がった。きらめく光が、少し冷えていた心をそっと温めてくれるようだった。

目的地に到着すると、おばあさんは「囲碁を打っていた帰りなんです」と笑いながら降りていった。


その後ろ姿を見送りながら、穏やかな気持ちになっていると、また別の人がこちらに向かって走ってきた。

――まさか梅田まで行きたいって言われたらどうしよう。

内心ひやひやしたが、行き先は近くのマンションだった。

安心してタクシーを走らせると、そのお客さんがふと話しかけてきた。

「これから梅田に戻るの？」

「もう営業所が近いので帰ります。今日はクリスマスイブですけど、とくに予定もなくて」

僕は少し自嘲《じちょう》しながら答えた。すると、その人はやさしい笑顔で、

「じゃあこれ、ささやかなクリスマスプレゼントです」

と、少し多めのお金を置いて降りていった。少し寒かった僕の胸の奥がじんわりと温かくなった。

営業所に戻ると、めったに会うことのない事務員さんが歩きタバコで出迎えてくれた。「まこっちゃん、早いやん。お帰り！」と気さくに声をかけてくれたので、僕は「クリスマスイブだから早く帰るに決まってるやん」と軽口をたたいた。

すると、なんとめずらしく温かいコーヒーを淹《い》れてくれた。ほんの少しの気遣いが、こんなに心に染みるものだとは思わなかった。


今日1日、特別な出来事があったわけじゃない。それでも困っていたおばあさんを助けたことや、お客さんのやさしい心遣い、そして事務員さんのささやかな気遣いが積み重なって、心がぽかぽかと温まる1日で終えることができた。

やはり今日はクリスマスイブ。

誰もが心やさしい日なのだ。

クリスマスを祝う街の灯《あか》りのように、人のやさしさが明るく輝いた夜だった。きっとこの日のことは、長く僕の心に灯り続けるだろう。

台湾の友

男女4人グループのお客さんだった。彼らは観光中らしく、車内で楽しそうにはしゃいでいた。中国語を話していたが、どことなく台湾の人っぽい。

とにかく大阪は中国語を話すお客さんが多いのだが、話し方で中国人か台湾人かがそれとなくわかる。中国語のお客さんとは、ある程度は漢字の筆談で会話ができるので困ることもないので、目的地を紙に書いて渡してもらえば、あとは車内で観光を楽しんでもらえる。

ただ、同じ漢字とはいえ戸惑うこともある。「梅田　阪神酒店」と書かれたメモを渡されたときは、そんな酒屋はあるのかとアプリで探していると、お客さんの身振り手振りから、酒店とはホテルのことだということがわかったりする。

また、中国では陸続きでも地域によっても違うようで、海を隔てた日本への漢字の伝来について思いを馳せることもしばしばだ。

さて、そのにぎやかなお客さんたちが、静かになったタイミングを見計らって僕は声をかけた。

「観光ですか？　台湾からですか？」

そう日本語で尋ねてみると、やはり台湾からのお客さんだった。

台湾は東日本大震災のときに、世界一義援金を送ってくれた国だと聞いていた。

そして台湾の方が、その年のうれしかったことのランキングの1位が、日本への義援金が世界一になったことだとも聞いたことがあった。

これは、せめてものお礼に名言カードをプレゼントさせていただこうと、僕は俄然《がぜん》、日本代表のような気分になってきた。

台湾さん ありがとう

あまりにもそのままの言葉だ。せめて、「台湾さん謝謝」にすればよかっただろうか。

そもそも急にこんな言葉をもらっても、彼らとしても不思議に思っただろう。でも彼らは、すぐに名言カードの意味を察してくれたようだった。そして、1人が満面の笑みでこう言ってくれた。

「友を助けるのに、礼はいらない」

片言の日本語の、その言葉を聞いたとき、うまくは言い表せないが、フロントガラス越しの景色がみるみるとにじんできた。

僕はその涙をこらええ、安全運転に切り替えるのが精いっぱいだった。

目的地へ着いてあらためてお礼を言うと、彼らは逆に、口々にお礼を言って僕に握手を求めてくれた。そしてさわやかにタクシーを降りていった。


彼らが去っていったあと、僕はこらえていた涙が湧いてきてどうしようもなかった。

——友を助けるのに、礼はいらない……。

未熟者の僕は、つい見返りを期待してしまう。だが、礼などいらないのが、友か。

お礼や見返りというものは、期待すると期待外れになるのが世の常だ。

この台湾からのお客さんを乗せて、感じたことが1つあった。それは期待した相手から見返りがなくても、予想もしない相手から見返りがあるということだ。

これが「情けは人の為《ため》ならず」ということなのだろうか。

それにしても、日本は素晴らしい国だ。

こんなにも、素晴らしい友がいるのだから。

普通の日々の有り難さ

東日本大震災が起こってしばらくの話だ。大阪へ避難してくる人たちがよくタクシーに乗ってきた。疲れた表情で車内に入ってくる彼らが、車窓から見える景色に目を向け、驚いたようにつぶやくのが印象的だった。

「ガソリンスタンドが開いてる……」

「コンビニに電気がついてる……」

そんな何げない光景が、彼らにとってどれほど衝撃的だったのかを思うと、胸が締めつけられるようだった。震災で日常を奪われ、安心できる場所を探し求めてやってきたのだろう。

「空いているホテルを知りませんか?」

これもよく訊かれた言葉だった。けれど、答えはいつも同じだった。どこも満室。震災から避難してきた人で大阪の宿泊施設は軒並みいっぱいだった。

そんな中で忘れられない出来事がある。

ある夕方の日のことだった。大きな荷物を抱えた母親と、小さな子ども2人が乗り込んできたときのことだ。母親は疲れ切った様子で、少し焦ったように訊いてきた。

「どこか空いているホテルをご存じありませんか？」

その問いに、何と答えるべきか迷った。結局、申し訳なさそうにこう伝えるしかなかった。

「どこもいっぱいみたいで……」

「では、最寄りの警察署へ……」

母親は静かにこう告げた。後部座席を見ると、上の女の子が不安そうな顔で母親に寄り添っている。その瞳は大人びた憂《うれ》いを帯びていて、震災の中でどれほどのことを経験してきたのかと思わせた。いっぽうで、下の男の子は、窓の外を眺《なが》めながら楽しそうに歌を口ずさんでいた。

その無邪気な声が車内に響き、なんだか胸が熱くなった。男の子の歌に合わせて、思わず僕も口ずさんでみた。すると彼は目を輝かせ、もっと大きな声で歌い始めた。それを見て、女の子も少しずつ口元を緩《ゆる》め、やがて控えめに歌い始めた。

母親も、ほんの少し微笑んでいた。短い時間だったけれど、その車内には笑顔が広がっていた。ほんの一瞬でも親子の不安を和らげられたのなら、それだけで十分だった。

やがて警察署に着き、親子がタクシーを降りた。母親は深々と頭を下げ、「ありがとうございました」と静かに言った。女の子は恥ずかしそうに手を振り、男の子は「また歌おうね！」

と明るい声で笑顔を見せてくれた。その笑顔はいまでも目に焼きついている。

親子を見送ったあと、車内に1人残りながら思った。震災が奪ったものの大きさ、そして、それでも笑顔を忘れない人たちの強さ。その中で、震災前の何げない日常がどれほど有り難いものだったのかをあらためて思い知らされた。

普通の日々――それがどれほど貴重で、どれほど幸せなものだったか。あの親子がいまどこかで穏やかな日々を送っていることを、心から願っている。

CHAPTER 2

驚き

タクシーに乗車する
刺激的な人たち

四天王寺のおばあさん

四天王寺《してんのうじ》のお寺の西門、西国浄土へとつながると言われる「極楽門」の前を、いつものようにタクシーで通りかかった。そのとき、1人のおばあさんが道路沿いで手を挙げていた。どこか風格のあるおばあさんの姿が印象に残り、僕は減速してタクシーを停めた。ドアを開けると、おばあさんは荷物もなく、身軽な姿でスッと乗り込んできた。

タクシーに乗った瞬間、おばあさんは僕の顔を見るなり、大きな声でこう言い放った。

「にいちゃん、大丈夫や！　結婚できるで！」

あまりの唐突さに驚きながらも、思わず笑いそうになった。

――えっ、なんで結婚してへんことがわかるん⁉

と心の中で叫びながらも、言葉を返す間もなく、おばあさんは続けた。

「けどな、待ってたらあかん！　自分から押さなあかんで！」

驚きと笑いが同時に押し寄せてきて、運転席に座る僕は思わず固まってしまった。僕の結婚の話はさておき、すでに後続車がきている。僕は急いで声を絞り出した。

「ありがとうございます。ところで、行き先はどちらでしょうか？」

すると、おばあさんは笑顔でさらりと言った。

「天王寺駅や！」

四天王寺から天王寺駅なんて、直線距離でほんの数分の道のりだ。短い乗車時間の間、おばあさんは、それはもう楽しそうにしゃべり続けてくれた。内容はというと、ほとんどが僕に向けた人生のアドバイスだった。

「結婚相手に必要なのはな……」「相手を大事にするにはな……」と、まるで人生経験のすべてを凝縮したような話を次々に語りかけてくる。

こちらが質問をする余地なんてまったくなかった。それでも、おばあさんの話にはどこか説得力があり、真剣に聞き入ってしまう自分がいた。そして、あっという間に天王寺駅に到着してしまった。

タクシーを停めると、おばあさんは「ほな、またな！」と笑顔で元気よくタクシーを降りていった。荷物もなく、軽やかな足取りだった。

ほんの数分間の出来事だったが、あれには本当に笑った。おばあさんの明るさ、言葉の力強さ、そして突然の結婚話。こちらが「ありがとうございました」と言いたくなるような元気をもらった。思わず運転席で1人、笑ってしまったのを覚えている。

タクシードライバーの仕事は、ただお客さんを目的地へ安全にお送りするだけではない。こうした一瞬の出会いが、心に長く残るものになることがある。何げない会話や、ふとした言葉に勇気をもらうことも少なくない。この日のおばあさんとの出会いも、きっと僕の心のどこかにずっと残り続けるだろう。

「にいちゃん、大丈夫や！　結婚できるで！」

おばあさんのあの声が、いまでも時々、耳によみがえってくる。そしてそのたびに、自分から動く大切さを思い出す。誰かに背中を押されるのではなく、自分から歩き出す――それを教えてくれたあの出会いは、僕にとって忘れられないエピソードだ。

ありがとう、おばあさん。またどこかでお会いできたら。そのときは「おばあさんのおかげで結婚できました！」っていう報告ができるといいのだけれど。

コワイおじさん

タクシードライバーを始めた頃、ある街を走っていると、吉本新喜劇のコワイ人の役ばりのおじさんが手を挙げていた。

僕のハンドルを握る手がこわ張り、いくぶんぎこちなくブレーキを踏みながらタクシーを停車した。ドアを開けながら、「ありがとうございます。僕は新米ドライバーで、道も全然わかりません」と元気に言い放った。そうすれば、「ほな、いらん！」と言って乗らないでくれると思ったからだ。

でもそうはならなかった。

「教えたるから行け！」

おじさんは間髪入れずに、そう言って乗り込んできたのだ。

うわぁー、どうしよう――と思いながらも言われた通りに走っていると、湊町《みなとまち》から千日前《せんにちまえ》通りに出た。千日前通りを東に向かって難波《なんば》を越えると、日本橋《にっぽんばし》1丁目、通称「日本イチ」の交差点が目前に迫ってきた。

すると、そのおじさんは、「空いてるから、一番右を走れ」と言うではないか。

――空いてるから……？

千日前通りは片側5車線ある道路だ。でも、左から2つ目までが左レーン、もちろん一番右は右折もできない直進レーンだった。だから、おじさんの言う通り、一番右のレーンは空いているから速く走れる。

いやな予感は的中した。日本橋1丁目の交差点が目前になると、「日本イチを左や」と、あっさり言うではないか！

——もう終わったなー、一番右レーンから左に曲がるなんて……。なんかあったら脅されましたとでも言うしかないか……。

もう完全にあきらめ状態だった。

すると、そのおじさんは座席の左側の窓を全開にし始めた。僕は「せめて、手でも出して合図でもしてくれるのかな」と思っていた。

僕が左折するためにウインカーを出すと、おじさんは窓から顔を出して、「ふんあーっっっっっ!!」と、すさまじい気合を入れたのだ。

——ええっ～!!

僕が驚いたのはおじさんの気合ではない。なんと次の瞬間、スーッと左側の4車線すべての車が停まったのだ。

僕はその間に、悠々と交差点を左折した。

——信じられない！

目的地へ着くと、おじさんはお金を置きながら、あぜんとしている僕に向かって、「男が……」と、男の心得を言って降りていった。

ただ、僕はあまりの驚きに、おじさんの言った男の心得をまったく覚えていない。

ウサギの予知

その日のタクシーには、少しめずらしい乗客を乗せることになった。

ウサギを大事そうに抱いた女性だった。見た瞬間に目を惹《ひ》くウサギと彼女の姿は、忙しい日常の中で、ほんの一瞬だけ不思議な世界に入り込んだような気分にさせる。ウサギを連れてタクシーに乗るなんて、なかなかない光景だからだ。

もちろん、動物連れで乗る場合には乗車前に確認が必要だが、その女性は事前に電話をくれた丁寧な方だったので、何の問題もなかった。

タクシーが走り出して少し経つと、女性が時折「わぁー」と驚いたような声をもらすのが聞こえてきた。僕は何か怖い思いをさせたかなと気になり、ミラー越しにそっと様子をうかがった。女性は何かに戸惑ったような表情をしているが、ウサギを抱きしめた手元を見ると、ウサギが女性の服をぎゅっとつかんでいるように見えた。

「何かありましたか?」

そう声をかけると、彼女は少し照れたように笑いながら答えた。

「実はこの子、カーブの手前になるとぎゅっとつかんでくるんです。何もないときは大人しくしているんですけどね」

「カーブの手前で……ですか?」と聞き返すと、女性は小さくうなずいた。

「そうなんです。曲がるときの遠心力で不安なのかなとも思ったんですけど、〝曲がる前〟なんですよ。カーブが近づくと、ぎゅっとしがみつくんです」

「ウインカーの音とかですかね?」と僕が尋ねると、彼女は首をかしげて答えた。

「それも考えたんですけど、ウインカーの音に反応する前から、私にぎゅっとするんですよね。動物の本能なんですかね?」

彼女はウサギの耳をやさしくなでながら話を続けた。

「この子、普段はのんびりしているんですけど、こういうときだけすごく敏感になるんです。家でも、地震がくる前に急に動き出すことがあって、それで地震に気づくこともあるんですよ」

動物の感覚の鋭さについての話はよく耳にするが、こうして目《ま》の当たりにすると、あらためて不思議に感じる。

カーブをいくつか曲がるたびに、ウサギは彼女の服をぎゅっとつかんでいるらしい。女性は「ぎゅーってされるたびに『またきた！』って思っちゃうんですけど、慣れるとかわいくて仕方ないです」と笑いながら、まるでカーブがやってくることを楽しんでいるかのようだった。

「ただ動物のこういう行動って、本当に面白いですよね。犬も猫も、何かを察することがあるみたいですし」

彼女は同意するようにうなずきながら、「本当にそうです。私たちが気づかない何かを感じ取っているんでしょうね」と言った。

そして最後に、「こういう行動を見るたびに、この子が何を感じているのか知りたくなります」と少しだけ夢見るような表情を浮かべた。

目的地に着き、彼女がタクシーを降りるとき、ウサギは少しだけ緊張した様子で彼女の肩にぴったりと寄り添っていた。

「この子、初めてのタクシーだったんですけど、おかげさまで楽しかったみたいです」

そう言い残し、深くお辞儀をして去っていった。

かぶと虫とエビ

北浜の証券取引所の近くを通っていると、なにやら大きなポスターのあるカツ丼屋さんがあった。ちなみに、この辺りはうなぎ屋さんが多い。

株価うなぎ上り――というわけらしい。

話を戻して、そのカツ丼屋さんのポスターには、「AKB48高橋みなみが来店!」と書いてあった。さすがに大阪商人、商魂たくましい。

信号待ちで、僕がそのポスターを感心して眺めていると、めっちゃくちゃ手を振っている若い女性がいた。ご乗車いただくと、「さっきから手を振っているのに、カツ丼屋さんばっかり見ているんだから」と言われてしまった。そして続けて、「坐摩《いかすり》神社へ」と行き先を告げた。

――あぁー、その神社なら、ひすいさんのツアーでお参りしたよなぁ。

そう思いながら「○○神社ですね!」と出発しようとすると、

「ええっー!? その神社を知ってるタクシー初めて!!」と言いながら大声を出している。タクシーに手を振る姿といい、話し方といい、なんとも気さくな女性だ。

「なんで知ってるんですか?」と訊かれたので、「ひすいこたろうさんという師匠のツアーで……」云々と答えると、「ひすいさんって誰？　本はアマゾンで買えるの？」と矢継ぎ早に質問を浴びせてくる。

あれこれ話をしながら神社へ着いて、僕も参拝したくなって、なぜか彼女と一緒に参拝することになった。そして、参拝を終えると元の場所へ帰るというので、またご乗車いただくことになった。


その女性は学生なのか、「昆虫を研究していて……。〇〇の国のカブト虫を飼っていて」と言う。坐摩神社といい、外国のカブト虫を飼っている研究者といい、やっぱり変わった人だなと思った。

彼女の話の中で印象に残っているのが、「冬にセミの脱け殻を見つけると淋しくなる。もうヤミたちはいないのに脱け殻だけがあって……」という話だ。昆虫の研究者だけあって、セミの抜け殻にも物語を感じさせる視点だった。


その後、彼女はひすいさんの本を読んだらしく、わざわざ感想を聴かせてくれた。彼女が一番印象に残った名言は、「ピンチピンチ、チャンスチャンス、ランランラン♬」らしかった。

数カ月後、再び彼女が僕のタクシーをチャーターしてくれた。その日は台風が近づいてくる

風の強い日で、ある川沿いを通っていると彼女が小さく悲鳴を上げた。

　その視線をたどると、なんと川縁《かわべり》に大量のエビたちが打ち上げられていた。タクシーを停めてという声で停車すると、彼女はタクシーを降りるや否や川縁へ走っていき、なんとエビたちを手づかみで川へ帰し始めたのだ。

　僕は突然の彼女の行動に驚いて、「台風で急に増水していて危ないから！」と怒鳴って注意したが、「かわいそう！」のひと言で聞く耳を持たない。仕方なく、上流方向に気をつけながら僕も手づかみでエビを川に戻すのを手伝った。

　――こんな手長エビみたいなのが川におるんや！

　と思いながら……。

辺りのエビたちをすべて川へ返すと、彼女はやっと笑顔になった。

台風前の風の強い日。タクシードライバーで、エビを手づかみで川に帰したことがある人は、あまりいないだろうなと思った日だった。

武田ソング

マサチューセッツから来たという女性がタクシーに乗り込んできた。アメリカ東部らしいどこかのんびりした落ち着いた雰囲気のある人で、行き先は道修町《どしょうまち》にある某薬品会社だった。

大阪の道修町といえば薬問屋がずらりと並ぶ街だ。薬に縁がある人には興味深い場所だろう。ちなみに、その近くには「少彦名《すくなひこな》神社」という薬の神様をまつった神社もある。道修町ならではの観光スポットである。

運転しながら何げなく、「先月、マウントシャスタへ行ったんですよ」と話を振ってみた。アメリカから来た人なら知っているかと思ったが、彼女の反応は意外なものだった。

「シャスタ？　どこにあるの？　コロラド？」

コロラドではない。そこで、「カリフォルニアですよ。クリスタルガイザーの水源地です」

と説明すると、彼女は「ワオ！」と目を丸くしていた。なるほど、アメリカ東部の人には西部の山々はかなり縁遠いのかもしれない。

そのまま会話が弾み、ふと頭に浮かんだのが「武田ソング」だった。１９５８年から15年以上、日本の製薬会社である武田薬品のＣＭソングで、もしかしたら一度は耳にしたことがある歌かもしれない。

僕は試しに「武田ソングを知ってるかい？」と彼女に聞いてみると首を傾げながら「知らない、どんな歌？」と興味津々の様子。そこで、思い切って歌ってみることにした。

「たけだ、たけだ、たけだー♬
たけだ、たけだ、たけだー♬
たけだ、たけだ　たーけーだー♬」

歌い終わると、彼女は大爆笑だった。

「なんでそんなにシンプルなのに面白いの？」と笑いが止まらず大ウケだった。さらに、スマホを取り出して動画を撮る準備までして、「もう1回歌って！」とアンコールを要求された。アンコールと言われて少し恥ずかしかったが、彼女のリクエストに応えてもう一度歌うと、彼女は目を輝かせていた。

「これ、友達にも見せたい！」と言いながら、感激している様子が伝わってきた。タクシーの中での即席パフォーマンスが、異国の地でのちょっとしたサプライズになったようだ。

さらに、彼女に名言カードを渡すととても喜んでくれた。「私はキャリー」と自己紹介してくれたので、「名前セラピーをしてみようか」と提案すると、笑いながら首を振って遠慮された。

タクシーという小さな空間で繰り広げられる一期一会の出会い。マサチューセッツから来たキャリーの無茶ぶりも、笑顔になってくれれば僕もうれしい。

いかにもアメリカ人らしい彼女の笑い声を振り返りながら、今日はどんなお客さんが待っているのだろうと思い、僕はエンジンをかけた。

ワンちゃんのエリザベス

ある日の夕方、仕事を終えての帰り道。少し疲れていたけれど、新しい自転車に乗ると気分が軽くなり自然と笑顔になった。いつもの川沿いの道を走りながら、胸がワクワクしていた。

ちなみに、この新しい自転車は速い。以前乗っていた自転車だと家路まで40分かかる距離も、同じ力加減なのに25分で着く。自転車屋さんが「10分短縮します」と言っていたけれど、それ以上の速さだ。

風を切って走る音が心地よく、耳にあたる風もひんやりして気持ちがいい。雨上がりの澄んだ空気も手伝って、気分は最高だった。

しばらく進んでいると、前方に犬の姿が見えた。飼い主と一緒に散歩している犬だったが顔の周りには何か覆いのようなものが付けられていた。その姿を見た瞬間、僕は思わず眉《まゆ》をひそめてしまった。

――ひどいことをするなぁ。あんなものを付けるなんて……。

心の中でそんなふうに思いながら、その犬の横を通り過ぎた。

その直後だった。空から突然、何かが降ってきた。

「なんや⁉　これ⁉」

思わず驚いて声を上げてしまったが、ハンドルを見てみると、そこには鳥のフンが直撃している。思わず自転車を停めて状況を確認した。最初はついてないと思ったが、すぐに考え直した。

——いや、僕は無傷や。ハンドルでんすんだのはラッキーやろ！

そう思うと、なんだかおかしくなり笑いがこみ上げてきた。

幸いにも近くに公園があったので、ハンドルを洗おうと水飲み場へ向かった。女子高生たちが公園の広場でダンスの練習をしている横を通り、水道の蛇口をひねる。水が勢いよく流れ出しハンドルと手を洗っていると、さっき見かけた犬が近づいてきた。そして、僕が使っている水道の水を横からペロペロと舐《な》め始めたのだ。

「かわいい……」

思わず口からこぼれた言葉に、飼い主も「すみません」と微笑んだ。けれど僕は、チャンスだ。ひと言言ってやろうと思って、

「何ですか……それは？」

と、犬の顔の周りに付けられた覆いを指さし、責めるような調子で尋ねた。

次の瞬間、僕は絶句した。よく見ると、犬の脇腹には大きな傷があり、治療中のようだった。飼い主さんは悲しそうな顔をして、こう説明してくれた。

「傷口を舐めるといけないので、これで顔を覆っているんです……」

そうだったのか。獣医さんに言われて仕方なく付けているんだろう。ひどい飼い主だと思ってしまった自分が恥ずかしくなった。もしかしたら僕の口調がきつく聞こえたのかもしれな

い。

「こんなに大きな傷口、さぞ痛かったろうに……」

僕がその犬に向かって声をかけると、その澄んだ瞳が、僕に「だいじょうぶだよ」と語りかけてくれたようだった。


あとであの覆いを調べてみると、エリザベスカラーといって、16世紀にイギリスのエリザベス女王がファッションとして付けていた襟巻《えりまき》が流行したことが由来らしい。

ワンちゃんのエリザベス。

なんと神々《こうごう》しい名前なんだろう。

僕はあの犬に教えられた。事情を知らずに、見た目だけで判断して偉そうなことを言うのはやめよう。そう感じた出来事だった。

タクシーに乗るお客さんも見るからに変わった人たちもいる。その多くは僕にとって刺激的な人たちだが、そのときのインスピレーションで書く名言カードに偏見はないだろうか……。

僕は恥ずかしさと後悔を抱きながら、飼い主さんと犬に別れを告げた。

寂しさが残った公園で、僕は広場でダンスをしている女子高生のかけ声に耳を傾けた。

深夜バスを追え

ある深夜に、大阪のタクシー営業所に誕生した心温まるエピソードを紹介したい。それは、新潟から来た1人の乗客の願いに応えたタクシードライバーの物語だ。

その夜、大阪駅周辺で1人の女性がタクシーに乗り込みました。彼女は初めて大阪に来たという新潟出身の方。目的地を尋ねると、彼女はそのドライバーに深刻な表情でこう言ったのです。

「すみません、夜行バスの最終便に乗り遅れてしまったんです。でも、どうしても今日中に新潟に帰らないといけなくて……追いかけてもらえませんか？」

その言葉にドライバーは一瞬驚きました。バスを追いかけるなんて聞いたことがない依頼です。しかし、彼女の切実な表情を見たドライバーは、「できる限りのことをしよう」と決意しました。そして、彼女と相談しながら最善のルートを考え、タクシーを走らせることにしたのです。

深夜の高速道路を走りながら、彼女が困った様子を見せました。

「携帯の充電が切れてしまったんです……」と。

そこでドライバーは「これを使ってください」と自身の携帯電話を差し出しました。彼女はその携帯を使い、バス会社に電話をかけ事情を説明しました。電話の向こうでは、バス会社のスタッフが驚きながらも対応を始めてくれたのです。

やがて、最終夜行バスの運転手に連絡が届き、次のサービスエリアで一時停車することが決まりました。

タクシーは高速道路を走り続けバスを追いかけます。心配そうな顔の彼女にドライバーは「大丈夫、きっと間に合いますよ」と声をかけ、アクセルを踏み込みました。

そしてついに、サービスエリアで最終便のバスに追いつくことができました。彼女は無事にバスに乗り換え、新潟へ向かうことができたのです。

タクシーを降りる際、彼女は涙を浮かべながら何度もお礼を言い、バスの中へと消えていきました。

その後、営業所に届いた彼女からのお礼状には、こうつづられていました。

「あのとき、ドライバーさんが親身になって助けてくださらなければ、私は帰ることができませんでした。新潟に着いたとき、本当に涙が止まりませんでした。本当にありがとうございました」

この話を所長に報告したドライバーは、「いやぁ、ちょっと変わった仕事になりましたよ」と照れ笑いをしていました。

でも、そんな彼に所長はこう言いました。

「タクシーって一期一会やからな。乗客さんを大事にすることが仕事や。それが結果的にええ思い出になるんや」

もちろん、このような対応はすべてのドライバーができるわけではない。ただ、この一夜のエピソードは乗客とドライバーの間に生まれた信頼の証であり、一期一会の大切さを教えてくれる出来事だ。

こんな一生忘れることのできない刺激的な一期一会を経験できるタクシードライバー。ドライバーを始めた頃は、自分にはこれくらいしか取り柄がないと思って始めたが、僕も人にためになっているだろうか。

そう考えている自分に、明日もまた素晴らしい1日が待っているぞという気持ちがこみ上げた。

気まずさとおいしいラーメン

その日はぼんやりしていた。空は高く晴れ渡り、風も柔らかく、何となく気の抜けるような天気だった。仕事の合間に運転しながら、僕の心はどこか遠くを漂っていた。

そんな矢先、手を挙げている人に気がついた。反射的にタクシーを停めると、その人はスーツと後部座席に乗り込んできた。がっちりした体つきにスーツとネクタイ。少し疲れた表情だが、どこか清潔感のある中年の男性だった。

「靫《うつぼ》公園の交番までお願いします」と言われた。

信号がちょうど変わるところだったけれど、めずらしく迷わず発車した。しばらく無言のままタクシーを走らせていると、後部座席からの視線に気がつき、ルームミラー越しに目が合った。

「あの、安全運転してくださいね」

と彼が口を開いた。僕は一瞬ぎくりとした。そういえば、さっき乗せた場所は警察署の前だった。しかも行き先は交番。この人、もしかして……。

「警察官の方……ですか？」

恐る恐る訊くと、彼は「ええ、そうです」軽くうとなずいた。

先ほど黄色信号で発車させてしまった——気まずい沈黙が流れる。とっさに場をつなぐように、僕は聞かなくてもいいようなことを聞いてしまった。

「これから交番でお仕事ですか?」

すると、彼は笑いながら「いや、勤務明けです。交番の近くでラーメンを食べてから帰ろうと思って」と言った。その答えに少し驚きつつ、つい言葉が口をついて出る。

「ラーメン、おいしいのですか?」

「イチ推しですよ」


彼のそのひと言に、こちらも自然と笑ってしまった。どこか肩の力が抜けた感じがした。

目的地近くのラーメン屋に到着すると、彼は降りて「ありがとうございました」と一礼してからお店の中へと消えていった。小さな暖簾《のれん》をくぐる姿を見送りながら、その店構えをちらりと見る。古びた外観だけど、どこか温かみがあっておいしそうな雰囲気だ。

気まずさを感じた直後の不思議な安堵感。そして、そのあとに残るのは「このラーメン、きっとうまいんだろうな」という妙な確信だった。

結局、その日は素通りしたけれど、いつかこの店に寄ってみたいと思った。

身元

穏やかそうな、お年寄りの女性がご乗車になった。

しかし途中で、ご自分の家がわからなくなったらしい。営業所へ連絡し、近くにあった警察署へ行った。私服の警察官がタクシーのところまで来てくれたが、なぜかおばあさんは降りようとしなかった。

警察官が「身元のわかるようなものはありませんか?」と言っても、おばあさんはじっとしたまま動かない。仕方なくおばあさんが持っていた小さなカバンを調べてもらうようながすと、数冊の預金通帳が出てきた。

「それそれ!」と警察官が言っても、おばあさんは見せようとしない。

警察官はおばあさんの態度に何かピンときたのか、その声が一変した。

「警察や! 渡せや!」

そう声を荒らげると、なんと温厚そうなおばあさんの表情がガラリと変わり、「なんや! このポリ!」と叫んだのだ。

僕がこのやり取りにビックリしていると、私服警察官は預金通帳を強引に取り上げ、警察署へ入っていった。

しばらくして戻って来た警察官が「ばあさん、〇〇やってたんか?」と訊くと、彼女の顔が青ざめた。どうやら昔、警察と関わった人らしい。

そして、警察官は僕のほうに向かって、「ごっつう金持っとるぞ。メーター入れたれ」と、僕を気遣ってくれた。僕がメーターを止めていたのを警察官は知っていたのだ。

結局、警察官と一緒に、身元のわかったおばさんを乗せて自宅まで向かった。ある高級マンションの前で、おばあさんは「ここや!」と言うとタクシーを降りてつかつかと姿を消した。

警察官はマンションの管理人と何やら話をしたあと、僕のほうへ戻ってきて、ねぎらいの言葉をかけてくれた。そして、

「なんぼ金持っててもな……」

と独り言のようにつぶやいた。

この顚末《てんまつ》を営業所へ帰って報告すると、「警察署で降ろしたらえぇのに」と笑われたのだが……。

神様御乗車

ある夜のこと、それは深夜の乗務中に兵庫県の内陸にある街を訪れ、その帰り道での出来事だった。

時間は午前2時頃。まさに丑三《うしみ》つ時《どき》に真っ暗な山道を走っていると、ふと道端に長い髪の女性が手を挙げているのが目に入ってきた。

タクシーには営業区域というものがあり、僕の営業区域は大阪市域。区域外での乗車は禁止されている。そのため、そのときも表示板は「回送」としていた。しかし、夜中に女性が1人でいる状況を見て、何か危険な目に遭っているのではないかと心配になった。

そう考えると素通りすることができず、僕はタクシーを停めた。

その女性は、運転席の僕に向かって「麓《ふもと》の駅まで……」と静かに目的地を伝えた。

「営業区域外なので、本来はご乗車いただけませんが、深夜で危険ですし、緊急時ということで……」

そう言ってドアを開け、彼女を乗せることにした。いま思えば微妙な判断だったのかもしれない。ただそのときは遠距離を走らせていて疲れていたこともあり、深く考えずにタクシーを走らせたのだ。

しばらく進むと、山間から麓の街の灯りが見えてきた。そして街との境目ほどの場所に差しかかったとき、彼女が「ここで……」と突然に言ってきた。

――駅まででではなかったのだろうか？

不思議に思いつつ、土地勘がない僕には確認しようもなくその場所で停車し、彼女は「ありがとうございました」と言ってタクシーを降りていった。

タクシーを出そうとした瞬間、ふと「彼女は大丈夫かな？」と気になり、降りていったほうを振り返った。しかし、そこには人の姿がなかったのだ。一本道で周囲に隠れる場所もないのに、彼女の姿はどこにもなかった。

不思議に思いながらも、街に無事に出られたことに感謝し、大阪に戻ることにした。

後日、この話をある人に話したところ、「それは神様を乗せたんだよ。きっと神様も喜んでいるはずだよ」と言われた。思わず笑ってしまったが、あの夜道、本当に神様が守ってくれたのかもしれないと思うと、不思議さとともに感謝が湧いてくる。

それって、タクシーにまつわる怪談話ではないかと思った人もいるかもしれない。でも、僕にとっては見知らぬ山道を無事に連れていってくれた神様だと思っている。

タクシーには不思議なお客さんが乗ってくるから面白い。

録画

新米の頃、大阪から京都の河原町《かわらまち》へ2人連れのお客さんを乗せたことがあった。河原町へ着いたとき、1人の人が「変な道を通った」と言い出した。

そんなことは絶対になかったが、まぁ謝ればすむ話かと素直に謝ったことがあった。ところが、その直後に営業所から電話があり、「本社の社長にクレームが入った」と言われた。先ほどの乗客だった。

しかし、僕は本当についていた。いまでこそ標準装備であるが、僕のタクシーには当時、試験的に防犯カメラが設置してあった。つまり、映像と音声を分析すれば一目瞭然だった。

そのおかげもあって、うちの営業所長は逆にその2人にクレームを出していた。

そんな話があって、あるベテランドライバーがこう教えてくれた。

「たとえ乗客さんでも、謝ればすむと思っても違うことは違うと言わなあかんぞ。そうやないと、またこうなるぞ。これからはすぐに営業所か警察へ電話しろ」

おかげさまで、それからは、もうそんなこともなく、まことにありがたいが、いまでも思い出すと悔しいのは「違う」と、はっきり言わなかったことだ。

気弱な僕には難しいことではあるが、どんなに反論するなと言われても、怒られても、「違うことは違う」と、これからは言おうと思った。相手に伝わるか伝わらないか躊躇《ちゅうちょ》するより、言わなかったことが一番の後悔だ。そう感じた日だった。

また別の出来事で、僕はこのことを経験することになる。

お客さんの降車中、後方斜めから追突されたことがあった。幸いなことにお客さんは無事だった。追突事故ということでパトカーがやってくると、ぶつかってきた車のドライバーが、なんと「ぶつけられた」と警察官に言い放ったのだ。

こちらは降車中だから、ぶつけるはずもない。けど、警察官たちは、そのドライバーの大げさな振る舞いに戸惑って、僕にも疑問を問うてきた。そこで僕は、

「ドライブレコーダーがこのタクシーにはついていますので、一目瞭然だと思います」

と伝えると、やっと相手も黙り込んだ。

互いの言い分がまったく違うときは、やはり証拠は必要だと感じた。

ドライブレコーダーの録画がなかったら、どうなっていたことやら。

アインシュタインの名言にはこうある。

「何かを学ぶためには、自分で体験する以上にいい方法はない」

新米の頃に経験した苦い思いは、「違うことは違う」と言えた自分にとって、まさにうってつけの言葉だと思えた。

短パン男

ある晴れた午後、窓を少し開けて気持ちいい風を感じながら、のんびりと道を進んでいた。そのとき、視界の端に何やらただならぬ光景が飛び込んできた。

――えっ、女の子が追いかけられている!?

制服姿の女子生徒が全速力で走っていて、その後ろを短パン姿の男性が猛スピードで追いかけていた。明らかに何かがおかしい！――危ない状況だと確信した僕は「これは助けに行かないと！」と正義感全開で、すぐに行動を開始した。

いくぶんハンドルを固く握りしめ、片手でクラクションを「パパーーーッ！」。思いっきり鳴らしながら、ライトをパッシングして注意を引きつけた。すると、男の動きが一瞬止まり、同時に女学生も立ち止まった。

「いまだ！　逃げろ！」と、僕は女子生徒に叫んだ。すると、彼女がこちらに向かって走ってきた。

「よし！　こっちへおいで！」とひと安心していたら、なんと後ろの短パンの男もこちらへ向かって歩いてくるではないか。しかも、何かを言いながら手を振っている。

――えっ、なんか言ってる？　怒ってる？　いやいや、とにかくこの女の子を守らないと！

とっさにドラマの主人公気分で身構えた僕に、男がゆっくり近づいてきながらこう言った。

「すみません。この生徒、無断外出をしていて追いかけてたんです！」

――えっ？

僕は状況がのみ込めずポカンとしていたが、よくよく話を聞いてみると、この男性はその女子学生の体育の先生だったのだ。校則を破って学校の外に出てしまった生徒を見つけて必死に追いかけていたとのこと。

彼が短パン姿だったのも、体育の授業中だったからとのことだった。

僕の頭の中で再生されていた「正義のヒーロー対悪者」のシナリオは、あっけなく崩れ去った。

「す、すみません……誤解してしまって……」

恥ずかしさで顔が赤くなる僕を見て、先生は苦笑い。そして、女子生徒は先生の後ろに隠れるようにしてモジモジ……ではなく、ニコニコしていた。

この顛末のあと、先生に「驚かせてしまって申し訳ないです。でも、こんなふうに周りが気にかけてくれるのはありがたいことです」とやさしく言ってくれたのに救われつつ、僕もホッと胸をなでおろしたのだった。

それにしても、短パン姿で全力疾走する先生と生徒の構図が、どう見ても事件にしか見えなくて。しかも僕の中では完全にアクション映画のワンシーンに変換されていたのだから……。

この出来事があって以降、運転中に短パン姿の人を見かけると、ついドキッとしてしまうクセがついてしまった。

でも、もしまた似たような状況があったら、やはり助けに行くと思う。いや、タクシーを運転していなくても助けることができる人間になりたいものだ。

こうして、僕の「短パンの男から女子学生を守った正義感大爆発エピソード」は無事に終わった。

タクシー大好き少女――

僕は、ある新幹線の停車駅にあるタクシー短距離乗り場によく並ぶ。短距離乗り場は回転が早いし、運が良ければ中長距離のお客さんも拾えることがあるからだ。もちろん、たまには本当に短い距離の仕事もあるけれど、そういうときでも気持ちよく乗務していると、その先で良いお客さんとめぐり合うことも少なくない。

ただ、以前に「駅の2階から1階のバス停までお願いします」と、満面の笑みでおばあさんに言われたときは、さすがに苦笑してしまったが……。

そんなある日の夕方、僕の乗務時間が制限の12時間に近づいてきた。そろそろ帰ろうかと思いながらも、「最後に1回だけ乗務して帰るか」と例の短距離乗り場に並んだ。そのときに、小さな女の子を連れたお母さんが乗車された。

「北千里《きたせんり》へお願いします」と、お母さんが行き先をつげたあと、少し間を置いてから「この子がタクシーが好きで……」と言いながら、横に座る娘さんに視線を向けた。その言葉を聞いて僕は「へぇ、女の子でもタクシーが好きな子がいるんだ」と思った。別に偏見ではないが、普段タクシーが好きというのは男の子に多い印象だったからだ。

タクシーを発車させると、その女の子は運転席と助手席の間に身を乗り出すような姿勢で食い入るように運転席を見ている。「運転が好きなのかな？」と思い、僕はわざと大げさな運転動作をしてみた。ハンドルをしっかり握り、アクセルを踏むしぐさを少し派手にしてみると、女の子はじっと見入っている様子だった。

その真剣なまなざしを感じつつ、「よほどタクシーが好きなんだな」と感心しながら運転を続けた。

しばらくして、太陽の塔が遠くに見え始めた。目的地まであと少しというところになっても、女の子は運転席を見つめたままだ。「ここまで興味を持つなんて、将来はもしかしてタクシードライバーになりたいのかもな」と、心の中で考えながら笑みを浮かべた。

やがて、目的地の家に到着した。お母さんと女の子が降り、家の玄関へ向かうのを見届けたあと、僕はタクシーを方向転換させた。そのとき、何か視線を感じてふと見ると、さっきの女の子が家に入らず門の扉のところでこちらをじっと見つめていた。

——そんなにタクシーが好きなのか！

僕は驚きつつも、思わず窓を開けて女の子に手を振った。するとその子はうれしそうに小さく手を振り返してくれた。その姿にほっこりした気持ちになりながら、その場をあとにした。

帰り道、なぜだかとても気分がよかった。どんな年齢であれ、女性からの注目はうれしいものだ。そんなことを思いながら、少し楽しい気持ちで帰路についた。

弟の夢

僕は実家の2階に住んでいる。そして母は1階に住んでいる。まあ、同じ家に住んでいるわけだが、あるとき自分の部屋を少しきれいにしようと思い立った。「こんまりさん」ほど本格的ではないが、まずは本棚の中身を整理しようと軽い断捨離が始まった。

買ったもののまったく読んでいない本や、昔ハマっていた本などを引っ張り出しながら、いらないものを捨てようとしていた。

そんな作業中、なぜか見覚えのない文集が出てきた。「何これ？」と思って手に取ってみると、それは弟の小学校のときの文集だった。いまは別に居をかまえている弟の文集がどうして僕の部屋にあるのかは不明だったが、これはこれで懐かしい気持ちになり、その文集を持って1階にいる母にも見せることにしたのだ。

母が弟の文集を手に取ると、最初は真剣な顔で見ていたものの、あるページを見た瞬間に突然笑い出した。

何だろう？　と僕もそのページをのぞき込んでみると、「将来の夢」という寄せ書きがあった。母は弟の書いた箇所を指差して大笑いしていたのだ。

そこにはこう書かれていた。

将来の夢：タクシードライバーになりたい！

僕は思わず「えっ？」と声を上げてしまった。「なんでタクシードライバー……？」と疑問が頭に浮かびながらも、じわじわと笑いが込み上げてきた。そもそも弟がタクシードライバーにあこがれるようなエピソードなんてまったく思い当たらない。「変なやつだなぁ」と思いながらも、笑いながら母に尋ねた。

「なんでこんな夢を？」

するとと母は、「さあ、なんでやろうね」と言いながら、楽しそうにこう付け加えた。

「でも、弟の夢を兄が叶えるってのもいいんちゃう？」

たしかに、弟がタクシードライバーになる姿を想像すると、それはそれでおかしい気がする。夢を叶えるどころか、弟自身がいまどう思っているのかも気になる。大人になったいまの彼が、この寄せ書きの夢を覚えているのか、それとも忘れているのか……。

正月には弟が帰ってくる予定だ。そのときにこの話を持ち出してみよう。なぜ将来の夢にタクシードライバーを選んだのか、その理由を聞くのがいまから楽しみだ。もしかしたら、意外な理由が隠されているのかもしれないし、単純に当時の子どもらしい発想だったのかもしれない。

この日、弟のおかげで本棚の整理は結局、いっこうに進まなかった。でもこうした家族の昔話がひょんなきっかけでよみがえり、思いがけず温かい気持ちになった夜だった。

「家族っていいな」としみじみ思いながら、僕はその文集を丁寧に元の場所へ戻した。

CHAPTER 3

悲しみ

人の数だけ悲しみがある。
そんな僕だって……

繁華街のやさしい親子

大阪難波という街の界隈は〝ミナミ〟という愛称で呼ばれている。いわゆる繁華街だ。

僕にとってのミナミは、小さい頃から、遊びにいっていた懐かしい街でもあるが、いまでは海外の方にも人気があるようで、道頓堀川に架かる橋の上には観光バスが連なっていることも多い。

ある国の大統領選挙のときなど、なぜかその国の選挙カーが周回していたりもする。ちなみに、英語、中国語、韓国語の想定会話集を常備するようになってからは、それを使えば、海外のお客さんとのやり取りも、とくに困ったこともなかった。

どちらかと言うと、僕は海外からのお客さんが好きだった。

とくに、アメリカ人は陽気な方が多く、気前よくチップも置いていってくれるのでありがたい。

ある日、そんなミナミへお客さんを送ると、お客さんが降りるのと入れ違いに、母親と息子の親子2人が乗車されたことがあった。

僕が前のお客さんが置いたお金がトレーにそのままになっていたので、急いで片づけようとすると、50円玉が1枚こぼれて運転席の下に転がり落ちてしまった。

すると、中学生ぐらいの息子さんが拾ってくれようとしたので、僕はあわてて「あとで拾いますから！」と断ろうとした。そのとき、お母さんが、

「座席の下かしら、拾ってあげなさい」

と、語りかけるようなやさしい声で息子さんに伝えた。

その男の子は、はいつくばるようにしながら運転席の下に手を伸ばし、50円玉を拾ってくれた。

手も汚れるし、着ているシャツだって汚れるかもしれないのに、一生懸命、手探りで探してくれた。それも見つけた瞬間に、満面の笑みを僕に向けてくれたのだ。

――こんな、やさしい人たちがいるんだなぁ。

僕は感激するばかりで、「ありがとうございます」と言うのが精いっぱいだった。

うれしい気持ちで出発するうちに、僕の会話も弾む。

「真ん中に穴のある50円玉だけに、おかげさまで、これで見通しも明るいです」

そんなベタな笑い話を交わしながら目的地へと向かっていた。しかし、ある交差点での信号待ちをしていると、その親子が急に黙り込んでしまった。

どうしたんだろうと、ルームミラーを覗《のぞ》くと、お母さんが歩道に立っているホームレスらしい男性を、複雑なというより、心配そうな表情で見つめていた。

お母さんは僕の視線に気がつくと、すぐに我に返り、静かに口を開いた。

「ごめんなさいね。実はこの子の父親は、ある大きな商売をしていたんだけど失敗して、行方不明になってしまって……。それからホームレスの人を見たら、もしかするとあの人じゃないかしらと……」

そう言うと、彼女は口を閉じて目を落とした。

息子さんは、心配そうにお母さんの腕をやさしくつかんでいた。


——この親子が笑顔になるような言葉はないだろうか。

——こんなときこそ名言カードの出番じゃないか……。

そう思いながらタクシーを走らせていると、ある言葉が浮かんできた。ただ事情が事情だけに、僕は失礼にならないように慎重に言葉を選んだ。

「実は、お客さんに『名言カード』というものをプレゼントさせてもらっていて……。よかったら、これをどうぞ」

自分なりにはかなり勇気を出して、それを手渡した。

あがらなかった雨はない

僕は『雨あがる』という黒澤映画のワンシーンを思い出していた。ずっと降り続く大雨で川を渡ることができず足止めを食らっていた旅人たち。水かさの増した川面を見つめながら主人公が言った言葉だった。

「いずれあがりますよ。これまでの雨はみんなあがりましたから」

バックミラー越しに目にしたお母さんは、まるで雨の中に立ちすくんでいるような印象を受けた。やがて雨があがり、不幸なことはいつか終わる……。

いつかきっとご主人に会える。そんな願いを込めた言葉だった。

「この言葉は忘れません」

そう言うと、お母さんは少し微笑んだようだった。

ふと、「ご主人は、運転は好きでしたか？」と訊いてみた。

「はい、運転は好きでしたが、それが何か？」

「それなら、タクシードライバーをされているかも、どこかで。そう、名言カードを配っているかも……」

僕の冗談で、車内の空気は50円玉を拾ってもらったときのように和やかになっていった。

そして、いつしか目的地に着いていた。2人はタクシーを降りてからも助手席側に立って、僕が発車するまで見送ってくれた。お母さんの手には、名言カードが握りしめられていた。


タクシードライバーには、本当にさまざまな経歴の人がいる。

お互いに、それぞれの身の上には触れないという暗黙のマナーのようなものがあるから自分から聞くことはないが、元経営者というドライバーにも時々出会う。

だから、あの親子のご主人も、もしかすると、本当にタクシードライバーをしているかもしれない。しかも運転も好きなら、僕の推理もあながち間違っていないかもしれない。

1枚の50円玉を、土足の汚れも気にせずに拾ってくれた、やさしい親子。

僕にとっては、この50円玉は大金に勝る値打ちの1枚になった。

雨があるから、虹もある。

雨あがりの虹を、この50円玉の穴から眺めてみたい。あの親子を想いながら……。

涙の美人

堂山町《どうやまちょう》を走っていたときのこと、道端で手を挙げている長い髪の女性を見つけた。心の中で「美人だ、ラッキー！」と浮かれていたが、彼女の表情は暗く沈んでいた。車に乗せた瞬間から、彼女の雰囲気にどこか影のようなものを感じた。

タクシーを走らせながら、僕はどうにかして彼女の力になれないかと考えていた。

名言カードは、普段はその時々に思い浮かんだ言葉を書いて渡しているが、心に残る言葉を書き留めておき、すぐに渡せるように用意しているカードも持ち合わせている。僕はその中から1枚を選び思い切って手渡した。

「これ、良かったら」と、なるべく自然に……。

そして、やがて目的地に着いた。「この辺りでいいですか」と尋ねても彼女は無言のまま動かない。どうしたんだろうと思い振り返ると、彼女はうつむいて涙をポロポロと落としていた。あまりに突然のことに声も出せず、しばらく沈黙が続いた。

しばらく沈黙が続いたあと、ようやく彼女が小さな声で話し始めた。

「最近、いろいろあってへこんでた。でも、このカードをもらえたのが本当にうれしかった」

そう言うと、さらに涙を流しながら続けた。

「このタクシーに乗れてよかった。本当にありがとう」

彼女はタクシーを降りたあとも、僕が安全確認をして発車するまでずっと横に立っていた。

その姿に胸が熱くなった。感謝を伝えたいのはむしろ僕のほうだ。こんな心に響く瞬間を共有できたことが、ただただうれしかった。


名言カードはたった1枚の紙切れかもしれない。でも、それが人の心に光を灯すこともある。この出来事を通じて、誰かに寄り添うという小さな行動がどれだけ大きな力を持つのかをあらためて実感した。だから、ありがとうを伝えるのは僕のほうだ。

涙の美人……。

彼女の流したその涙が、これまでのつらいことをすべて洗い流してくれることを祈りながら、どんよりと曇った前方に向かってタクシーのライトをつけた。

最後の思い出

夜明け前、その日は重たく厚い雲が空を覆う曇り空だった。

ある大きな通りの街路樹の前で、女性が手を挙げていた。女性の横には、その細い腕には不釣り合いな大きなキャリーケースがあった。さらに足元にも、これもまた大きなバッグが置いてあった。

なんというのか、その立ち姿や雰囲気から、どうもただの旅行などではなさそうで、何か大きなものを手放して故郷に帰るというか、とても大きな決断をしたあとのように感じた。

もちろん実際のところは遠目にはわからない。ただそんな感じがしたのだ。

僕は減速して、少しの風に揺れている銀杏《いちょう》の木の手前にゆっくりとタクシーを停めた。

トランクを開けて、その大きな荷物を積んだあと、後部座席のドアを開けると、その女性は倒れるようにシートに沈み込んだ。

僕は運転席へ戻りシートベルトを締めながら、力尽きたようなその人を驚かせないよう、ささやくように行き先を訊いた。

「新大阪駅へ……」

彼女は、かすれた声で行き先を告げると、瞳を閉じてうつむいた。

かなり泣いたからなのか、目や頬のあたりがだいぶ腫《は》れていた。

もしかしたら、今日が彼女の最後の大阪なのかもしれない。このまま悲しい涙のまま旅立つのだろうか。

――もしそうだとしたら、せめて最後は、新大阪駅へ向かうこの間だけでもいい思い出をつくってもらえたら……。

そんな思いをめぐらせながら、僕は普段よりも静かにタクシーを走らせた。

しばらくすると、桜橋の交差点で長い信号待ちになった。

僕は、ペンと名刺サイズの名言カードを取り出すと、浮かんできた言葉を一筆、カードにつづった。そして、うつむいたままの彼女に「どうぞ」と、静かにそれを差し出した。

雲の向こうには青空か星空がある

これは、僕の実体験でもあった。

台風の接近している日に飛行機に乗ったことがあった。昼でも暗いような厚い雨雲の上空に出ると、そこには地上では信じられないほどのまぶしい青空が広がっていたのだ。

ずっとうつむいたままの彼女に、少しでも上を向いてほしかった。上を向くだけで、明るいことが頭に浮かんでくると聞いたことがあったから……。

彼女は顔を少しだけ上げると、不思議そうに、でも両手で丁寧に名言カードを受け取ってくれた。

ただそのあとも、車内は沈黙のままだった。

新御堂筋を走ると、やがて新淀川大橋が見えてきた。この橋を渡ると、間もなく新大阪駅だ。駅へ向かうスロープから降車レーンに入り、夜が明け始めたまだ静かな駅にタクシーを停めて、ゆっくりとドアを開けようとすると、ふと彼女は口を開いてくれた。

「大阪へ来て、いい思い出はなかったけど、最後に1つ、いい思い出ができました」

そして、姿勢を正し、しっかりとした口調で「ありがとうございます」と言うと、タクシーを降りていった。

タクシードライバーの仕事はもちろん、乗客を安全に目的地へお送りすることだ。だから、名言カードなんてまったく必要がない。でも、暗い表情をしたお客さんには、降りるときには少しでも明るい表情になってもらえたら、少しでも心に明かりを灯してもらえたらと思う。

数年前の僕が、たった1行の名言に救われたように……。

大きな荷物を抱えながらキャリーケースを引いて駅の構内に入っていく彼女を見送りなが

ら、僕はこう思っていた。

――大丈夫。あなたは、運がいい。タクシーがあふれるこの街で、僕のタクシーに乗ったのだから。それだけでも奇跡だよ。

その瞬間、それまで重たくのしかかっていた雲の間から朝の光が差して、彼女の背中を照らした。

やっぱり、雲の上には青空がある。それが、どんなに暗い雲だったとしても。

彼女も次の地で、顔を上げて、空を向いてくれたらいい。

この街には新しい自分を夢見て多くの人たちがやって来る。そして、去っていく人もいる。

僕は、関西の玄関口、新大阪をあとに、一筋の光へとまたタクシーを走らせた。

雪松さん

駅前の長い踏切。炎天下の中、整体院のチラシを配る1人の女性がいた。

名前は雪松さん。日焼けで真っ黒になりながら、黙々とチラシを配っていた姿が印象的だった。その様子はまるで夏版の「マッチ売りの少女」のようだった。

ある日、自転車通勤で汗だくになりながら帰宅している途中、いつもの踏切で遮断機が下り、しばらく足止めを食らった。踏切で待つ間、渡されたチラシを何げなく見ていると、そこに書かれた整体院の文字があった。

僕はチラシをもらった彼女の名札を目にした。「雪松さんがやってくれるなら行くよ」と軽口をたたくと、彼女は真顔で「はい」と返してきた。そのひと言が妙に引っかかり、そのまま、その整体院に足を運ぶことにした。

これが僕と雪松さんとの出会いだ。

整体院で受付をすませると、ほかの男性スタッフが雪松さんを指差しながら、「力があまりないですけど、いいですか？」と言ってきた。

——まぁ、ほかの人よりも雪松さんの料金のほうが安いし。

実は、半ば投げやりな気持ちで了承した。正直、大した期待はしていなかったからだ。けれど、施術を受けると、その細い手から伝わる丁寧な力加減が、疲れ切った体にじんわりと効いてきた。

それからというもの、僕は気づけば雪松さんのもとへ通うようになっていた。

タクシードライバーとして平日12時間勤務。給油以外で運転席を離れることはほとんどなく、1日が終わる頃にはもうヘトヘト。思考力もゼロに近い状態になる。それに加え、片道1時間近い自転車通勤。もしもあの整体院がなかったら、この生活を乗り切ることはできなかったかもしれない。

そんな雪松さんの整体院を、ふと思い出したのは最近のことだった。久しぶりに自転車に乗り、懐かしさもあってあの店へ足を運んでみた。

しかし、そこには閉店の知らせが貼られていた。おそらくコロナの影響だろう。彼女が以前「鹿児島から来た」と話していたのを思い出し、もしかすると地元に帰ったのかもしれないと思った。

鹿児島といえば南国のイメージが強いが、彼女の名前には「雪」がついている。不思議な名前だと思いながら、あの施術の温かさを思い出す。ひょっとすると、彼女の名前には暑い日も涼しげな癒しを届けるという意味が込められていたのかもしれない。

雪を待つで、雪松。

彼女は僕が施術に来るのを待っていたのだろうか。いや、待っていてほしかったのは僕のほうだったのかもしれない。

閉店の貼り紙を見ながら、僕は人生のひと時を支えてくれたあの時間を思い出していた。

牛丼

朝一番の清々《すがすが》しい空気の中、中央大通りからタクシーに乗り込んできたのは年配の紳士だった。

彼は行き先を告げた。ある病院だった。どこか穏やかだが、わずかに緊張が混ざった声音で、その後はしばらく無言のまま車内の空気は流れた。目的地に近づくにつれ、ふと彼が口を開いた。

「明日、手術なんだよ。怖くてね」

その声には冗談めかした軽さがあったが、心の奥にある不安を隠しきれてはいなかった。老紳士は少しだけ息をつくように、微笑んで続けた。

「昨日ね、大好きなものを食べたんだ。牛丼の大盛りだよ。最後の晩餐《ばんさん》ってわけじゃないけど、やっぱり好きなものを食べておきたくてね」

最後の晩餐――ミラー越しに見る彼の表情は少しおどけたように見えた。どこかユーモラスな表現だが、それでいて深い意味を感じさせる。彼がどんな想いで牛丼を食べたのか。箸《はし》を運ぶその手は震えていなかっただろうか。口の中に広がる味を、これが最後かもしれないという思いでかみ締めていたのだろうか。

彼の話を聞きながら、ふとある言葉が頭に浮かんだ。これはきっと、いまの彼にとって必要な言葉だと思った。そして、手元にあった名言カードにその言葉を書き記した。ささやかな励ましや元気を贈りたかった。

このカードを肩に置いて手術に臨む

カードを手渡すと、彼は驚いたように目を見開き、そして笑った。

「ありがとう。これを肩にでも置いて手術に臨むよ。お守り代わりにね」

その瞬間、彼の顔が先ほどよりも少しだけ明るく見えた。その笑顔の中に、どこか決意のようなものが宿っているように感じられた。

タクシーが病院に到着して彼が降りるとき、僕は心の中で静かに祈った。

――どうかご無事で……。どうか神様が守ってくれますように……。

ドアが閉まり、彼の背中を見送りながら、どこか胸に温かさと切なさが混ざる感覚が残った。


たった数分のほんの短い出会いだったが、その老紳士の人生の一瞬に触れた気がした。

人はそれぞれの人生を抱えながら生きている。その人生において、誰かが差し出す小さな励ましや言葉が、どれほどの意味を持つのかを思わず考えさせられた。

彼が手術を無事に乗り越え、また大好きな牛丼を笑いながら食べる日が訪れますように。

そんな僕の願いが、空を越えて届くような気がした。

朝の日の光が運転席に差し込んできた。

江戸っ子

タクシーの運転席には1冊の本が置かれている。僕の師匠ひすいさんの著書だ。そして、いまある本は2冊目になる。というのも、1冊目はある特別な出会いをきっかけに、その持ち主を変えることになったからだ。

その日、新大阪駅から乗車してきたのは、東京下町のような言葉を話す女性だった。目的地は国立循環器病センターという病院。しかし、話してみると北大阪にも詳しい様子だった。不思議に思っていると、彼女が僕に教えてくれた。

「こっちに嫁いできて30年以上住んでいたのよ」

だが、何か事情があって東京に戻ったらしい。その背景を詳しくは語らなかったが、そこには長い人生の物語があるのだろうことは容易に想像できた。

しばらくすると、彼女が言葉を選ぶように話し始めた。

「実はね、私、近々ある手術を受けるの。今日はそのための検査なの。でも、その手術、とても危険なのよ……」

彼女の言葉に宿る切実さは、窓の外の景色の中にすら染み込むようだった。ただ、命の危機を目の前にしても、彼女の声はどこか明るかった。江戸っ子らしい粋《いき》な心意気とでもいうのだろうか。

病院までの道中、彼女のために名言カードを書かせてもらった。そこに込めたのは、心の底からのエールだった。カードを渡すと彼女が尋ねてきた。

「この言葉、あなたが考えたの？」

僕は違うと答えると、運転席に置いてあるひすいさんの本を指差し、「この中から選んだんです」と告げた。すると彼女はその本に目を留め、しばらく手に取ってページをめくったあと、突然こちらに顔を向けた。

「この本、売ってくれる？」

その言葉にも切実さがにじんでいた。命の重さを背負いながら、彼女は希望の言葉を求めていたのだ。僕は迷わずうなずき、本を彼女にプレゼントした。この本が彼女の力になればと……。

「また、あなたのタクシーに乗るわ。必ず」

そう言い残し、彼女はタクシーを降りていった。彼女の残した言葉には、未来を信じる力が込められていた。信じることに根拠なんていらない。彼女なら手術を乗り越え、きっとまた元気な姿で僕のタクシーに乗ってくれるに違いない。

こうして1冊目の本は彼女の手に渡った。彼女が再び現れる日を待ちながら、運転席には2冊目の本が置かれている。

この奇跡のような出会いを、僕は一生忘れないだろう。生きる力を分け合った瞬間を。あの江戸っ子らしい、カラッとした粋な彼女の笑顔とともに……。

ラブホテルの女の子

近くへお客さんをお送りした帰り道に、ラブホテル街を通った。その日、少しでも早く帰りたかった僕は近道としてホテルとホテルの間の道を選んだ。薄暗い街に、人影はまばらだった。そんな道に、ふと前方に小さな人影が見えた。まだあどけない顔立ちの少女が道端で手を挙げていた。

タクシーを停めると、少女の少し後ろに妙な雰囲気の男が立っているのに気づいた。少女はその男に軽く会釈すると、ためらいなく助手席に乗り込んだ。

タクシーが動き出した瞬間、少女は突然泣き始めた。涙は止めどなく頬を伝い、声を殺して肩を震わせている。

言いようが切ない姿に、僕は言葉をかけるべきか迷った。彼女の悲しみがあまりにも深いように思えて、ただ運転に集中した。

やがて彼女はスマートフォンを取り出し、どこかに電話をかけた。

「いま終わった……もう二度とイヤ……あなたのためだと思ってしたけど……」

声は涙に濡れて震えていた。ひっそりとした車内で、電話の向こうからは冷たい声が聞こえてくる。「あと1人だけ頼む……」そんな言葉が断片的に耳に入った。

状況が徐々に見えてくる。どうやら彼氏らしき男から〝大人の接待〟をさせられているらしい。それが彼女にとってどれほどの苦痛だったかは、その涙だけで十分に伝わった。

僕の心の中で生まれる葛藤……。このまま見て見ぬふりをしていいのか。でも、自分に何ができるというのか。考えた末、助手席のドアポケットに忍ばせていた名言カードを取り出した。

彼女が降りるとき、その1枚のカードをそっと渡した。

「これ、どうぞ……」

それだけを伝えるのが精いっぱいだった。

少女はカードを驚きの表情で受け取った。タクシーを降りたあと、彼女は助手席の窓の横に立ち、深く頭を下げた。そして発進するまで、そこから動こうとはしなかった。小さな体が街灯の光に浮かび上がり、その姿がやけにはかなく見えた。

走り去るタクシーの中で、渡したカードのことを思い出す。

自分を大事にしてください

短い言葉だった。こんなもので彼女の心を救えたかはわからない。ただ、自分にはこれ以上何もできなかった。

あの子はいま、どうしているだろう。悲しみの涙の向こうに、少しでも光を見つけてくれているだろうか。僕は彼女に祈りをささげることしかできない。

ただ、これからも名言カードを書き続けると心に誓った。どこかでまた誰かの涙を一瞬でも救えるように。

終戦の前日

それは容赦ない日差しが照りつけるある夏の日のことだった。

タクシーを運転していると、1人のおじいさんが乗車された。背筋が少し曲がり、深い皺《しわ》の刻まれた顔からは、長い年月を生き抜いた証がにじみ出ていた。行き先を告げられ、京橋のビジネスパーク付近を通りかかると、おじいさんがポツリと語り始めた。

「ここらへんはな、終戦の前日に空襲を受けた場所なんや。わしがまだ若い頃のことやけど、あの日のことは忘れられん」

静かで穏やかな声音だったが、その奥には重い何かがあるようだった。きれいに整備されたビジネスパークのビル群を見わたしながら、僕はその言葉の続きをうながした。

「空襲でな、この辺り一帯が全部焼けてしもうたんや。黒焦げの死体があちこちに転がっとった。それを見て、最初は悲しくて胸が張り裂けそうやった。あまりに多くの命が一瞬で消えてしもうたからな、でも、最後にはもう何も感じんようになってしもうたんや……毎日が地獄やった……」

僕には想像もつかない光景だった。きれいな街並みの下に、そんな過去が眠っているとは思いもしなかった。おじいさんは、少し間を置いて再び口を開いた。

「いまのビジネスパークのところには昔、陸軍の工場があったんや。軍需工場や。そこを狙《ねら》って空襲がきたんやけどな。空襲がきたのが、終戦のほんの前日やった。あと1日早く戦争が終わっとったら、ここで亡くなった人たちは助かっとったかもしれん……なんであの日やったんやろなぁ……なんであと1日早く終わらんかったんやろ……」

おじいさんの声は静かに震えていた。

あと1日早く——その問いには、誰も答えることができない。過去の出来事は変えられない。それでも、その問いかけには、命の重み、そして人々の無念が込められているようだった。

「その後、この場所がこんなにきれいになってな、もう昔のことを知る人もおらんようになった。でもな、わしは忘れられん。この街にはたくさんの命があったんや。たくさんの笑顔もあったはずや。それが、一瞬で消え去ってしまったんやからな」

おじいさんの声はどこか寂しげで、遠くを見つめるような瞳をしていた。タクシーの窓から見えるビジネスパークの美しい風景が、どこか別の世界のように思えた。

「1日早かったらなぁ。あと1日早く戦争が終わっとったら、あんな地獄を見ずにすんだんや。命を落とした人たちも、家族のもとに帰れたはずや……」

最後にもう一度つぶやいたおじいさんの言葉は、僕の胸に深く刺さった。

歴史の本やニュースで知る戦争とは違い、目の前のおじいさんの語る言葉は、戦争がどれだけ多くの人々の人生を奪い、心に癒えない傷を残したかという本当の戦争の話だった。

目的地に到着し、おじいさんは静かにタクシーを降りていった。降りたあとも、振り返ることなく歩き去っていくその後ろ姿が、どこかもの悲しかった。僕はその場からタクシーを動かすことができなかった。

あの照りつける日差しが、あのときの地獄の光景を彼に語らせたのだろうか。おじいさんの言葉は僕に戦争の記憶を刻みつけた。戦争が終わっても、その爪あとは人々の心に残り続ける。そして、僕がその話を聞いたように、次の世代がその記憶を引き継いでいくべきなのかもしれない。

京橋の美しいビジネスパーク。その美しさにおおい隠された苦しみと涙の歴史を忘れずに生きること。それが、あの寂しげなおじいさんの語りを聞いた僕にできる唯一のことだろう。

美しい街並みを目にしながら、僕はまだタクシーを動かすことができないでいた。

内戦

ヨーロッパから来たという男性のお客さんを大阪城へ案内している最中のことだ。車内で大阪城についてたくさんの質問をいただいた。そのなかで僕は、「400年ほど前、この城は東京の侍（徳川軍）と大阪の侍（豊臣軍）が戦った場所です」と、かなり乱暴な説明をした。

その瞬間、彼の表情に驚きの色が広がり、目がキラキラと輝いて、こう訊いてきた。

「ウィナーはどっちだ？」

その少し強い口調で尋ねられ、僕は少し戸惑いながらも「東京」と答えた。

僕の答えに彼は、打って変わって静かに目を伏せてしまった。まるで言葉を失ったかのようにしばらく黙り込み、遠く窓の外を眺め始めた。その視線は、まるで400年という時を超え、戦いのあった時代を想像しているようだった。

彼は外を見つめたまま、ぽつりとこう言った。

「それで、東京が首都なのか？」

それは少し状況が違っていたので、僕は微笑みながらも丁寧に答えた。

「まぁ、それもありますが、実は150年ほど前に別の内戦があって、そのときは東京（幕府）

と山口・鹿児島（長州・薩摩）が戦い、山口・鹿児島が勝ったんです。そしてその後、東京が新しい首都となりました」

その説明を聞いた彼に、再び長い沈黙が訪れた。そして、やはりどこか遠い目をしながら、

「日本にもそんな内戦があったんだな……」

と静かにつぶやいた。その声には、歴史への感慨深さと戦争への思いがにじみ出ているように思えた。

「内戦」という言葉は、時に冷たく響くかもしれない。でも、何百年も内戦をくり返してきたヨーロッパの彼の目を通して見ると、その言葉の裏には、国を思い、人を思う無数の物語があるのだと感じざるを得ない。

大阪城は、彼にとってどのように映っていたのだろうか。

400年前、この地に立ち、大阪の侍たちは何を思い、何を守ろうとしたのか。そして150年前、新しい時代を切り開いた人々はどんな未来を見据えていたのか。

歴史とは戦いの連続だったかもしれない。しかし、その中にある人々の思いや苦しみ、希望こそが、未来への礎《いしずえ》となっている。この平和な時代もまた、そんな歴史の上に成り立っているのだと、彼との会話を通じてあらためて気づかされた。

車内の静けさの中、彼の目が何かを追い求めるように遠くを見つめていた光景は、僕にとっても忘れ得ないものとなった。

彼にとっての平和な国のはずだった日本。

でもそれは、同じ国の人同士が血を流さずには成り立たなかった悲しい歴史もある。

タクシーの窓から見える大阪城が、また別のものに見えた。

自転車通勤

たびたび話に登場したが、僕は営業所まで自転車で通勤している。片道、だいたい40~50分ほど。かなりの距離であるが、ペダルを漕《こ》ぎながら朝の風景を眺める時間が大好きだ。

営業所は公共交通機関では非常に不便な場所にあって、以前は、電車とバスを乗り継ぎ1時間以上もかけて通勤していた。

そんな職場ではあるが、車なら逆に便利で、多くの社員は車で通っている。

僕が営業所からバスで電車の駅へと帰っていた頃、「乗っていくか?」と声をかけてくれる先輩社員がいた。彼はいつも周囲に気を配り、僕が遠慮しても「どうせ通り道だから」と笑顔で送り届けてくれる、実にやさしい人だった。

当然、彼は乗客からも社員からも人気があり、携帯電話が頻繁に鳴るほど慕われていた。

ある日、その彼が「車、あげるわ。自転車通勤は大変やろ? もうすぐ車検切れるけどな」と突然言ってきた。

そのときの僕は、21段変速の新しい自転車を買ったばかりで、ありがたくもそのお申し出を断った。「新車でも買うのかな?」と深く考えず、その言葉を軽く受け流した。

それから1カ月後、朝礼でその方の訃報が伝えられた。あまりに突然の知らせだった。「そういえば、最近見かけないな」くらいに思ってはいたが、僕は長時間勤務が多く、営業所で顔を合わせないこともめずらしくない。

まさか、彼が病気で会社に来ていないことなど、ましてや車を手放そうとするほどの病気だったことなど、死を覚悟した彼との最後の会話に無念さだけが残った。

そして、彼の存在が消えた空白は思った以上に大きく、その日の乗務は幾度となく天を見上げていた。

彼の通夜も葬式もなかった。僕は通夜にうかがおうと思っていたが、彼には中学生の息子さんが1人だけで、親戚の意向により、通夜も葬式も行わないとのことだった。

その後、社内報に訃報記事が添えられていた、そこにある彼の穏やかな笑顔の写真。そして、営業所の掲示板には、彼の息子さんが鉛筆で書いた挨拶文が貼られた。その文字には、不器用ながらも精いっぱいの感謝と深い悲しみがにじみ出ていた。

――あのとき、車を手放そうとしたのは、すでに覚悟を決めていたからなのだろう。

訃報の知らせを聞いたときの感情が再び押し寄せてきた。そして、彼の言葉が何度も頭をよぎった。あのときの思いを僕は知る由もない。ただ、そのやさしさの奥に、どれだけの思いやりと覚悟が隠されていたのかを思うと胸が詰まった。

僕の知る彼は、司馬遼太郎記念館から新大阪駅までを安全に30分で走りきる名ドライバーだったということ。周りの誰もが認める、人としての温かさと誇りを持った方だったということ。

――明日死ぬかも。

そんなふうに考えながら生きることは難しいかもしれない。しかし、亡くなった彼が、どれだけ今日という日を生きたかったかを思うと、いまのこの瞬間をムダに生きることはしてはならない。

あの日の彼の笑顔、そしてやさしい言葉を胸に、僕は今日も自転車のペダルを漕いでいる。彼が生きた日々の中で見つめていた風景を、少しでも感じながら……。

もみじ

ある秋のことだ。また季節がめぐってきて、わが家の庭にあるもみじが赤く色づき始めた。その美しさに目を奪われながらも、ふと「もみじって、漢字で書くと『紅葉』と書くんだよなぁ。だから秋の紅葉の代名詞なのだろうか」と感心してしまった。ひらがなで書いたときの感じもなんとも可愛らしく、その瞬間から、庭のもみじに親しみを感じるようになった。

そして、いつしか「もみちゃん」と呼ぶようになった。

それからの僕は毎朝、仕事に出かけるときにもみちゃんの近くに足を運び、手の届く小さな枝にそっと触れて「もみちゃん、行ってくるね」と声をかけるのが習慣になった。

冷たい秋風が吹く日も雨が降る日も、この習慣は続いた。まるで、もみちゃんに見送られながら1日をスタートするような感覚だった。

やがて季節は冬になり、もみちゃんの葉は1つ、また1つと落ちていった。赤い葉がこぼれ舞い散る姿を見るたびに、少し寂しい気持ちがしていた。そんななか、いつも触れていた小枝の葉だけは最後まで残っていた。冷たい風が吹きつけても、その1枚は頑《かたく》なに枝にしがみつき、落ちる気配を見せなかった。

その姿に、僕は「きっともみちゃんが、僕に元気をくれているんだ」と思うようになった。それからも、その小さな葉に触れるたびに心が温かくなった。

しかし、不思議なことに、冬が終わり春が訪れてもその葉は枝に残ったままだった。周りの枝からは新しい芽が芽吹き、木全体があざやかな緑に覆われていったが、例の小枝の葉だけは秋の紅葉のまま。どう考えても不思議だった。それでも僕はその姿を愛おしく感じていた。

5月になっても、その葉だけは相変わらず紅葉のままだった。もみちゃんはすっかり新緑に包まれた。さすがに縁《ふち》が枯《か》れ始めていた。僕は周りの変化を見つめながら、「もみちゃんも、もうそろそろ旅立つときが近いのかな」と感じていた。

新緑も終わりを告げようとしていたある日、外出から戻った僕はいつものようにもみちゃんに目をやった。そして、そっと触れて「もみちゃん、いままでたくさん勇気をくれてありがとう。もう十分だよ」と静かに話しかけた。

長い間寄り添ってくれた友に別れを告げるような気持ちで……。

その翌朝、いつもの習慣で無意識にその小枝に手を伸ばし「もみちゃん」と声をかけた。しかし、いつもそこにあった紅葉の葉はそこにはなかった。驚いて足もとを見ると、もみちゃんは小さく丸まり、静かに地面にたたずんでいた。

僕はその瞬間、込み上げてくる感情を抑えることができなかった。

涙が止まらなかった。昨日の「もう十分」と言った僕の言葉に応えるかのように、もみちゃんは最後の1枚の役目をそっと終えたのだ。

この出来事は偶然かもしれない。けれども、奇跡のリンゴを育てた木村秋則さんの言葉を思い出す。

木は声を聴いている

僕には、もみちゃんが秋から夏にかけてずっと僕を励まし、寄り添ってくれていたように思えてならない。

いま、また秋が訪れた。もみちゃんの葉は再び赤く色づいている。僕はあの特別な葉のことを忘れることはないだろう。そしてこれからも、もみちゃんに毎日「行ってくるね」と声をかけ続けよう。

僕は1人ぼっちじゃない。いつも僕を見守って励ましてくれている存在がいる。

もみちゃん、本当にありがとう。

離岸流

この話は、僕がまだタクシードライバーになる前の話だ。

ある夏の日、紀伊半島を1人でドライブしていた。何も考えず、名も知らない小さな海岸に車を停めた。海は穏やかで、空は高く、日差しはまぶしい。せっかくなので泳ぐことにした。誰もいない海。1人で泳ぐのは想像以上に気持ちがよかった。

気がつくと、思った以上に沖へ出ていた。「危ないな」と浜に戻ろうと泳ぎ始めたが、ふと異変に気づいた。

——進まない……⁉

何度も手足を動かしているのに、いっこうに進まないのだ。それどころか、さらに沖へと引き寄せられているようだった。

これがニュースでよく耳にする「離岸流《りがんりゅう》」だと直感した。

——こんな形で自分の人生が終わるのか……。

不安と焦りが僕の心を支配する。波のうねりは次第に高くなり、足も手も鉛《なまり》のように重くなっていった。頭の中はいろいろな思いが交錯する。

――両親は僕がここで死んだことをどうやって知るだろうか……。

死んだあとのことまで考えながら、力はどんどん尽きていった。

そのとき、浜にある車のことが気になった。ホンダシビック、名付けて「タロウ」。

いつも自分と旅をしてきた相棒だった。

――タロウ、文句も言ったけど、よく俺についてきてくれたよな。

そう思った瞬間、胸にぽっと感謝の気持ちが湧いた。それと同時に、

――俺もよくがんばったよな。つらいときも、悔しいときも、何とかやってきたんだ……。

これまでダメな人生ばかりだったけれど、それでも生きてきた自分に、初めて心から「ありがとう」と言えたのだ。


その瞬間、奇跡が起きた。

身体がふっと軽くなり、波の流れが変わった。まるで背中を押されているかのように、僕の体は浜へと押し戻されていく。

立てる浅瀬に足が着いたとき、全身の力が抜けた。なんとか波打ち際まではい上がり、砂の上にあお向けに倒れ込んだ。そこには青い空が視界いっぱいに広がり、生命の鼓動を全身で感じた。

生と死の境を越えた先には、不思議な安らぎがあった。さっきまで必死にもがいていた沖を眺めると、あれほど恐ろしかった場所がいまでは穏やかな波間に見える。

なぜだか笑いが込み上げてきた。そして声を上げて笑った。涙が頬を伝うのもかまわず、ただただ笑っていた。

——生きているって、こんなにもありがたいことなんだな。

その日の出来事は、いまも忘れることのない大切な人生の1ページだ。

これからもつらいこと、悲しいこと、苦しいこと、さまざまな困難が僕を待ち受けるだろう。でも、生きていればいいことだってたくさんある。そして、今日のような奇跡だって……。

この日、僕が経験した奇跡は、誰にだってあるのだと信じている。

だから僕は今日もタクシーの運転席から名言カードを渡している。そう、誰かにも奇跡を起こしてほしくて……。

CHAPTER 4

日々

人は誰かの支えによって
生きている

仲間

季節外れの観光地のタクシー乗り場で、松ぼっくりを投げて遊んでいた。人がほとんど訪れることもない季節のその場所で、僕の心はどこか空虚だった。タバコをくわえながら地面に転がる松ぼっくりを投げる僕の姿は、人から見れば変なやつ、いや危険人物に見えたかもしれない。

ただ、いまは誰ひとりここにはいない。だから僕がここにいた。

そんなとき、なんと同じ営業所の先輩ドライバーが乗客をこの地に送り届けにきたのだ。彼が僕を見てどう思ったのかはわからない。ただ軽く手を挙げてあいさつを交わし、彼はすぐに去っていった。

何を思われても気にしない――そのときはそう思っていた。

しかし、その松ぼっくり遊びが思いがけない展開を呼ぶとは夢にも思わなかった。

それから数日後のこと。本社の野球部から声がかかったのだ。「野球部に入らないか？　ちょうどバーベキューの日だから、本社に遊びに来てみろ」と。

あの先輩が、僕が松ぼっくりを投げていた姿を見て話したらしい。何かを感じ取ってくれたのだろうか。それとも、たんなる気まぐれだったのだろうか。

恐る恐る本社へ足を運ぶと、そこでは文化祭のようなにぎやかな光景が広がっていた。野球部のメンバーが屋台のように焼き肉を焼いていて、渡された焼き肉をひと口食べると、そのおいしさに舌が驚いた。どうやら市販されていない特別な肉らしく味わいは格別だった。さらには、生ビールまで用意されていて、恐縮していた僕の心が少しずつほぐれていく。

さらに余興まであった。野球部のメンバーがシンセサイザーでYMOの曲を演奏してくれた。その腕前は素人離れしており、胸が熱くなるのを感じた。懐かしい音楽に感動して、思わず涙腺が緩んだ。

その日の夕方には、僕はすっかり野球部に馴染《なじ》んでしまい、気づけば入部を決めていた。草野球のドライバーリーグとはいえ、新しい仲間との関わりは僕にとって新鮮で楽しいものだった。

しかし、最初の試合では、タバコを吸い続けていたツケが回ってきた。ファーストベースまで全力で走れずに息切れしてしまったのだ。味方のベンチからのヤジに顔を赤らめながら、それでも心のどこかで「ここでがんばりたい」と思えた。

いまではタバコをやめ、ホームベースまで駆け抜けられるようになった。野球を通じて、自分の生活が少しずつ変わっていくのを実感している。

タクシー会社を退社したいまでも、その野球部に在籍し続け、仲間たちと笑い合えるこの時間は僕にとってかけがえのないものだ。


思えば、すべてはあの松ぼっくりから始まった。孤独を埋めるために何げなく投げていた松ぼっくりが、僕の人生を変えるきっかけになるなんて誰が想像できただろうか。偶然の積み重ねが、こんなにも温かく豊かな時間を与えてくれるなんて……。

今度の試合では、全力でボールを追いかけよう。そして、仲間にそのボールをつないでいこう。それはもう、あの松ぼっくりではないのだから。

不思議な縁がこれからも新しい物語を紡いでくれる気がする。人生は、こんなふうに思いがけない瞬間で満ちている。

僕は、ついている。心からそう思う。

営業所長

僕がいる営業所の所長は、とにかく「大きな人」だ。体格の話ではない。その人間性が大きい。普通、所長と言えば厳格で、数字や結果に厳しいイメージを持たれることが多いかもしれない。しかし、この所長は少し違う。

あるとき、僕の営業所でこんな出来事があった。

無断欠勤を2週間も続けたドライバーがいたのだ。普通なら、その時点でクビになってもおかしくない。けれど、所長はそのドライバーを叱責《しっせき》するどころか、むしろ励ましていた。

「大丈夫か？　何があったんだ？」と、その人の事情に耳を傾ける姿は、僕らほかのドライバーには少し衝撃だった。仕事よりも、まずは人としての信頼やつながりを大切にする、そんな所長の姿勢に心を動かされた。

こんな所長がいたからこそ、僕がタクシードライバーを始めてから、この仕事をずっと続けられたのかもしれない。

これまでの人生、ダメの連続を自分に出し続けていたけれど、こんな器の大きい人に出会えて、僕の人生も変わっていった。先にも書いたが、僕が新米の頃にお客さんからクレームを入れられたときも、所長みずから身をていして僕を守ってくれた。

やはり、独りではない。人は誰かの励ましに支えられて生きている。だから、僕の名言カードも誰かの人生に少しでも役立ってもらえればと思っている。

さて、この所長にはもう1つ、ユニークな一面もある。それは「パワースポット好き」という点だ。

これまで所長に連れて行ってもらった場所を挙げれば、奈良の女人禁制の聖地・大峰山《おおみねさん》や、京都での坂本龍馬ゆかりの地をめぐるツアー。近場でいえば、大阪のお笑い神事で知られる枚《ひら》岡《おか》神社や、生國魂《いくくにたま》神社の上方落語のお祭りなど。

正直、同行するたびに少し気を使うけれど、普段はなかなか行かない場所に連れて行ってもらえるのは貴重な体験だった。

こうした場所に詳しいのも、所長はもともと観光タクシーのドライバーだったらしい。とくに京都には詳しく、「一条に魔界への入口があるらしい。行ってみよう」と誘われたこともあった。ただ、正直に言ってそれには少し戸惑ったが……。

ただ、そんな突拍子もない誘いをする所長だからこそ、人を楽しませる力があるのだと思う。

この所長の人柄に助けられたのは何度もあったが、僕にとって忘れられないことがある。いつも40分以上かけて自転車通勤をしていたのだが、ある日通勤途中で自転車が壊れたことがあった。

なんとか営業所に到着し事情を話したら、所長は「朝礼のあとでいいなら手伝うよ」と、わざわざ工具を持って自転車の修理に駆けつけてくれたのだ。忙しい朝にもかかわらず、自分のことのように助けてくれる所長のその姿に、思わず胸が熱くなったことを覚えている。

彼の大きさは、こうした細やかなやさしさに表れていた。たんに仕事に厳しいのではなく、人を大切にし、その人がどうすれば元気に働けるかを考えてくれる。時には距離感が近すぎて戸惑うこともあるけれど、それもこの所長の人間的な魅力なのだと思っている。

僕は、この所長の下で働けたことに感謝している。もちろん誰もが完璧ではない。完璧でなくても、互いに支え合い、励まし合える環境は素晴らしい。

こんな素晴らしいタクシー会社の所長がいて、楽しいドライバーたちが集い、さまざまなお客さんに出会う。そんな環境にいる僕は幸せ者だ。

いまはこの幸せをいただいているだけだが、いつも所長の背中を見つめながら、いつか自分も、こんな大きな人になりたいと思っている。

いまでもあの所長はパワースポットめぐりをしているのだろうか。おそらく、そこからもらったパワーを誰かのために使っているのだろう。いや、絶対にそうだ。

対立他社

ある日のこと、僕は慣れない街である工場から迎車の依頼をされた。でも、地図を見ながら走っても、どうしても目的地にたどり着けなかった。焦りと不安が募り、気づけば辺りをぐるぐると回り続けていた。

お客さんの約束の時間は迫り、僕は冷や汗をぬぐいながらタクシーを進めていると、ふと路肩に3台のタクシーが停まっているのが目に入った。

そこにはタバコを吸いながら談笑しているタクシードライバーたちがいた。しかし、その瞬間、胸の内に警戒心が芽生えた。というのも、彼らは地元では「ガラが悪い」と評判のタクシー会社のドライバーたちだったからだ。しかも、その会社は僕のタクシー会社と仲が悪いと言われていた。

何かトラブルになるのではないかと思いつつ、けれども、もう時間がない。このままではお客さんに迷惑をかけてしまう……。

僕は意をけっしてタクシーを停め、彼らに恐る恐る声をかけた。

「すみません、この工場に行きたいのですが、道がわからなくて……」

僕が話しかけた瞬間、彼らの談笑はピタリと止まった。そして、全員が僕にじっと視線を向けてきた。その沈黙に心臓が高鳴り、後悔の念が頭をよぎった。

――もしかして、聞く相手を間違えたのかもしれない。

しかし、1人のドライバーがふっと笑みを浮かべると、無言のまま手で「ついてこい」という合図をした。そして、自分のタクシーに乗り込むとエンジンをかけた。

僕は藁《わら》にもすがる思いで彼の後ろにつき、タクシーを走らせた。

数分後、迷っていた工場の前に無事到着した。その瞬間、私の安堵は言葉にできないほど大きかった。

その後、彼は何も言わずに、そのまま走り去っていった。僕は急いで窓を開け、大声で「ありがとうございました!」と叫ぶしかなかった。その声が彼に届いたのかどうかもわからない。ただ、彼のタクシーが軽快に遠ざかっていく光景がいつまでも目に焼きついていた。

その日、僕は深く考えさせられた。「ガラが悪い」「仲が悪い」といった噂や先入観に縛られ、相手を勝手に怖い存在だと決めつけていた。でも実際に接してみると、彼らは驚くほど親切で温かい人たちだった。

助けを求めた僕に対して、一瞬の迷いもなく手を振ってくれたあのドライバーの姿に、僕はドライバー同士のきずなを思い、誇らしくさえ思ったのだ。

偏見や先入観は、時に心の視界を曇らせる。でも、その垣根を越えた先にこそ、人のやさしさや温もりが隠れているのかもしれない。

あの日出会った彼の迷いない親切は、仕事というだけではなく、人生そのものにおける大切な教訓を僕に与えてくれた。

真っ直ぐに人と向き合いたい。そう心に誓った出来事だった。

ええ言葉

ある街へお客さんを送り届けたあとのことだった。偶然見つけた静かな公園で、ふとひと休みすることにした。冬の冷たい風が頬を差していたが、長い時間のタクシー乗車で気持ちがいい。

しばしの休息を楽しんでいると、1台のタクシーが近くに停まった。その車両は見慣れないもので、ナンバープレートを見ると京都と書かれている。

こんなところに京都のタクシーが？――と思いながら、ぼんやりと眺めていると、ドライバーが車を降りてこちらへ歩いてきた。風貌はどこにでもいる普通の感じだったが、京都というナンバープレートを見たからなのか、どこか品のあるたたずまいに感じた。

お互いにあいさつを交わし、彼は道を尋ねてきた。そのやり取りがひと段落したときだった。突然、彼は僕の乗務員証に目をやり、名前を口にした。

「まことちゃん」

彼のやさしげな声が静かな公園に響いた。いきなり名前を呼ばれて驚いて目を向けると、彼は柔らかな笑みを浮かべながら続けた。

「ええ言葉を口にするんやで」

唐突な言葉に戸惑いながらも、僕はその真剣な表情に何か引き込まれるものを感じた。彼は言葉を続けた。

「ええ言葉を口にすると、こんなええことがあるんや……」

彼は自身の経験を交えながら、まるで宝物のようなエピソードを語ってくれた。それは小さなひと言が人を救い、思いがけない幸運を招いたという話だった。その話の終わりに、彼はさらにこう言葉を添えた。

「今度、京都に遊びにおいでや。彼女となな」

そう冗談交じりの言葉を残し、彼は再び笑顔を浮かべて去っていった。その姿が見えなくなるまで、僕はしばらくその場で立ち尽くしていた。

あの日の出会い以来、僕は彼の言葉を胸に刻みつけるようになった。できるだけ「ええ言葉」を口にしようと心がけているが、まだまだ未熟だと感じることも多い。それでも、何か迷いや苦しさを感じたとき、ふと彼の穏やかな笑顔と「ええ言葉を口にするんやで」という言葉が心に浮かび、背中を押してくれるのだ。

京都へ行く機会があるたびに、街中で彼のタクシーを探してしまうことがある。けれど、いまだ再会は叶わない。それでも、彼はどこかでまた「ええ言葉」を誰かに伝えながら笑顔で運転を続けているのだろう。

人生の中で、あの瞬間に出会ったあの言葉は、僕にとって大切な灯火だ。

どんな状況でも「ええ言葉」を選びたい。そんなささやかな心がけが少しでも誰かの心に明かりを灯せたなら、きっとそれは彼が語ってくれたエピソードと同じ「ええこと」なのだろう。

公園で出会ったあの笑顔のドライバーさん。あなたの言葉が僕の人生にどれほど深い影響を与えたか、いまでも感謝に耐えない。そして、もしもまたいつかお会いできたなら、そのときこそは、自分なりの「ええ言葉」を伝えたい。

試食

ある大きなスーパーマーケットの駐車場に、お昼時になるとよく顔を合わせる同じ営業所のドライバーがいる。

昼食をとるタイミングでよく見かける彼に、僕は何げなく声をかけてみた。

「昼飯？　スーパーにお気に入りのものでもあるん？」

「うん、実は試食やねん」

試食と聞いて、僕は思わず目を見張った。

「そう、あそこの試食はうまいから毎日通ってねん」

「えっ！　毎日——試食？　怪しまれへん？」

「万引きしてるわけやないのに、なんで怪しまれるん？　試食やで」

たしかに彼の言う通りだ。試食はお店が宣伝のために提供しているものだし、それを食べることはけっして違法ではない。でも、ほぼ毎日となると少し心配になった。

僕の心配をよそに、彼は熱く語り出した。

「パン屋の試食なんか焼きたてのほやほやで、大人気やねんで。パン屋の試食コーナーには行列ができるねん。ほかにも人気の試食コーナーがあってな、出されてすぐ行かななくなるねん」


彼の話を聞いているうちに、どうやらこれはたんなる「試食りめぐり」ではなく、ちょっとしたイベントらしいと気づく。タイミングが重要で、場合によっては争奪戦になることもあるらしい。彼は試食の話を続けた。

「それがな、だいたいの時間は決まってるんやけど、その日によってちゃうねん。そやから、タイミングを見ながら各試食コーナーを回るねん」

彼の語り口からは、ちょっとした熱意すら感じられた。試食を「食べるだけ」と聞けば単純な行為に思えるが、そこにはタイミングを読む観察力と少しの運、そして何より試食への愛が必要なのだろう。

「それで、試食が出てきた瞬間を見逃さんと、すかさず食べるねん」

「うわぁ、それってタクシーみたい……」

「うん、タクシーで街を流して、昼は試食コーナーを流してんねん！　わはは！」

たしかに、どちらも「流す」という表現がぴったりだ。タクシー業務の合間に、試食コーナーの動きを的確にとらえて回る彼の姿が目に浮かぶようだった。僕は彼の最後のひと言に思わず感心してしまった。

こうした何げないやり取りの中に、生活の楽しさや工夫が見えるのが面白い。試食を昼食にするという発想もユニークだが、それを「タクシー流し」にたとえるユーモアは、日々の仕事の疲れすら笑い飛ばしてくれる。

彼らしい生き方に、僕の心も軽くなる。

試食だけに、うまいこと言う。

健康診断

春の健康診断の結果を受け取った。

「ちゃんと見てね……」

普段は鋭い眼光でドライバーたちに冗談を飛ばす女子事務員さんが、まるで母親のようにやさしい口調でそれを渡してくれた。頼れる姉御肌の彼女が今日は妙に穏やかだった。

——おかしい……何かあるのか？

訝《いぶか》しげに封筒を見つめていると、たまたま近くにいた別のドライバーがにっこりと「大丈夫や」と声をかけてきた。

またしても妙だ。何かがおかしい。もしかして健康診断の結果が悪かったのではないか。

思い返せば、健康診断があった数週間前、僕はずっと微熱が続いていた。疲れが原因だと思い込んでいたが、実はどこか悪かったのかもしれない。タクシードライバーは乗客の命を預かる仕事だ。体に異常があれば営業所は〝ドクターストップ〟をかける。

——そうか……もうタクシードライバーとして働けなくなるのか……大好きな仕事だったのに……。

仕事の帰り道、自転車を漕ぎながら川沿いを走る。でも、今日はいつもと違う景色に見えた。鯉が泳ぐ川面、水鳥が羽を休める姿、緑濃く茂る桜の葉、名前も知らない雑草たち……。何もかもが愛おしい。

日常に埋もれていた景色が、まるで命の輝きを放つように目に飛び込んできた。僕は生きている。それがどれほど奇跡的なことかをわかってきたというのに。

家に着き、缶ビールをひと口飲んだあと、棚にあった角瓶をグラスに注ぐ。お酒の力を借りないと中身を見ることができないくらい怖がりの僕だ。

震える手で封筒を開ける。ゆっくりと健康診断書を取り出し、順に結果を目を通す。そして、最後の診断通知を見て、思わず声が出てしまった。

「……異常なし⁉」

もう一度、そしてもう一度確かめた。何度読んでも結果は同じだった。どこにも異常はない。

——なんや……まったくの思い過ごしか！

僕はその場で大きく息を吐いた。安心と同時に思い過ごしの自分にあきれてしまったのだ。でも、女子事務員さんのやさしい口調とあのドライバーさんの微笑みは何だったのか。それだけが腑《ふ》に落ちない。

でもいい。思い過ごしでよかった。その夜、僕は心から生きていることに感謝した。そういえば、ひすいさんが言っていた「幸せの本質」とは、きっとこれなのだと思い返した。普通の日常に感謝できること、それが幸せなんだと……。

川沿いの景色も、雑草の花も、やさしい人たちもすべてが愛おしく思える。それに気づけた自分がいま、とても幸せだ。

翌朝、仕事に向かうため自転車にまたがった。朝の空気が一段と心地よい。これから小1時間ほどかかる道のりに、こんなにも幸せを感じるなんて。

僕は静かに微笑む。今日もタクシーを運転できる幸せをかみ締めながら。

子ども電話相談室

子どもたちが夏休みに入る頃になると、僕はカーラジオから流れる「夏休み子ども科学電話相談」を聴くのが楽しみの1つになっている。小学生の子どもたちが純粋な疑問をぶつけ、それに専門分野の先生方が苦心されながらも答えるやり取りはとても微笑ましい。

「〜ちゃん、わかったー?」「わかった」と進んでいくのだが、専門用語を使わずに、納得してもらえるように教えてくれるのが、大人の僕にも勉強になって面白い。そして、意外や心に響くものがある。

最近も印象的な質問があった。それは「動物にも心はあるんですか?」という素朴でいて深い問いかけだった。これには心と体を担当する先生が答えてくれたのだが、その答えがとても感動的だった。

「動物だけでなく、植物や道具、さらには星にも心があるように思います」と。

とくに印象に残ったのは、物にも心があるということを卓球のラケットをたとえに出して話していた部分だった。

「ラケットはただの物ではなく、使う人の心が手を通じてラケットにまで届き、そこに心が宿るんです」と語っていた。この表現には思わず心にグッときた。物にも心が宿ると考えることで、自分たちの身の回りのものに対する見方が変わる気がしたからだ。

この話を聴きながら思い出したのは、沖縄のある先生が話していた「物に名前をつけたり大切にすると、意識が芽生える」という言葉だった。

たとえば、お気に入りの文房具やぬいぐるみに名前を付けて大切にすることで、まるでその物が生きているような感覚を抱くことがある。この考え方は、日本独自の「物を大切にする文化」にも通じる。

また、森沢明夫さんの小説『海を抱いたビー玉』（小学館刊）は、物や自然との心のつながりがとても美しく描かれた作品だし、奇跡のリンゴを生んだ木村秋則さんも著書で「作物には心がある」と語っていて、大切に育てることで豊かな実りが得られると、同じことを伝えている。

こうした考え方は、私たちの心を豊かにしてくれるものだ。

子どもたちの質問は、時に驚くほど深い。大人が当たり前と思っていることを純粋な目で見つめ直し、シンプルな言葉で問いかけてくる。その姿はとても愛らしく、同時に大切なことを思い出させてくれる。

夏休みという特別な時間、子どもたちの小さな疑問がラジオを通じて広がり、それを聴く人の心にも響いていく温かい時間。日々忙しい生活の中で忘れがちなことを、子どもたちの声が教えてくれる。

名前はジム

僕の乗っているタクシーには「ジム」という名前がある。

もちろん僕が名付けたのだが、由来は、なんとなく浮かんだからで、この車は男だなと感じたからだ。

実は、〝彼〟が僕のタクシーに決まるときのいきさつがあった。

「新しいタクシーだったら相勤務のドライバーがいるけど、これなら見ての通り、誰も乗っていないから1人で乗ればいい。試しに乗ってみて、嫌なら新しいのにするのもいいけど、どうする？」

最初にこう切り出されたのだ。僕は日勤という、朝から最大12時間の勤務で、ほかに夜勤という夜から最大12時間の勤務もあって、相勤務というのは日勤と夜勤で1台のタクシーを使うということだ。

1台の車に2人というのは、やはり気を使う。

というわけで、真っ白にホコリをかぶったまま車庫に置いてあった、誰も乗っていない気楽な車を選んだ。そして、これから相棒となる、少しオンボロなやつに名前を付けようと、浮かんできた名前がジムというわけだ。

それから実際に乗ってみたら、ジムには不思議なところがあることに気がついた。たとえば、朝に運転席に座ってから名前を呼ばないと、エンジンがとてもかかりにくかったりした。ただの偶然かもしれないと思ったが、「ジム」とひと声をかけて、ハンドルをポンポンとたたいてからエンジンをかけると、一発で始動するのだ。

僕がこの車に乗る前はさまざまなドライバーに配車されていたようだが、エンジンがかからなかったり、途中でエンストしたりで、そのうち誰も乗る人がいなくなった、まさにいわくつきの車だったらしい、

営業所長にも、「この車、エンストすると聞いたけど？」と訊かれたが、僕が「それが、大丈夫です」と言うと、不思議そうにしていた。

しかし、しばらくしていよいよ僕が名前を呼んでもエンジンがかかりにくくなってきた。そしてついにある朝、まったくエンジンがかからなくなってしまった。

——ジム……。

僕が途方にくれていたとき、ふと、僕が海に流されそうになったときに感謝して助かった、

長年の相棒だった「タロウ」のことが思い出された。

「ジム⁉　おまえはタロウ（の生まれ変わり）なのか？」

僕は思わず運転席で叫んでしまった。

すると、不思議なことにあっさりエンジンがかかったのだ。

その後は、別人（別車）のように、エンジンがかかるようになった。偶然だろうと思うが、僕は偶然とは思えなくなってしまった。

そこで、ジムの名前を「ジムタロウ」にした。

名前をジムタロウに変えてからは、さらに調子が良くなった。そして、ジムタロウはお客さんもびっくりするぐらいにブレーキが利いた。実は、タロウもブレーキが素晴らしく利いた車だった。おまけに、その感じがそっくりなのだ。

こんな話、笑われるだろうか。

物にも心
物心が車につく

奇跡のリンゴの木村秋則さんも、リンゴが実らなかった時代にトラックドライバーをされていたことがあるそうで、そのときも、車に声をかけて運転していたらしい。すると、緊急のときに不思議なことがあったと言っている。

だから、車（物）にも心があるような気がする。

どうも僕は独りではないようだ。車という物の意識と走っている。それは僕を護ってくれているような……。

実は、タクシードライバーを卒業するとき、最もつらかったことの1つが、ジムタロウのことだった。

僕が乗らなければ、廃車になると聞いた。もう廃車になっているのだろう。

ジムタロウ、ありがとう。

僕が次の車に乗るときは、また会おう。そのときまでに新しい名前を考えておくから……。

精神との連動

タクシードライバーをしていると、不思議な瞬間に出会うことがある。自分の精神状態とお客さんの様子が驚くほど連動しているように感じるのだ。

自分が焦っていると焦っているお客さんが手を挙げるし、穏やかな気分の日はゆったりとしたお客さんが乗り込んでくる。

まるで目に見えない糸でつながっているような感覚だ。

僕はどちらかといえばのんびりしているほうだ。そうした性格が連動するからなのか、お客さんに「急いでください！」と言われることはほとんどない。しかし、たまに急かされると、ついスイッチが入ってしまう。

「任せてください！」と心の中で宣言し、御堂筋の6車線を右へ左へと駆け抜ける。目的地に間に合わせるため、全力でアクセルを踏む。お客さんも「間に合いそうです！」と興奮気味に声を上げるが、ゴールが見えた瞬間、ふとこう言われる。

「もう間に合いますから、ゆっくり走ってください……」

そんなある日、あわただしい表情の若い女性が乗り込んできた。

緊張した声で「すみません、急いでほしいんです」と言いながら、スマホを見つめている。

その視線の先には、会場案内の画面と時計。彼女の焦りが車内に伝わるようだった。

「大丈夫ですよ。間に合わせますから」

僕は落ち着いた声でそう伝え、タクシーを発進させた。道が混んでいても焦らず、スムーズに進むルートを選ぶ。彼女が時計を見るたびに、自分の心をさらに静かに保つよう心がけた。

御堂筋を抜け、中央大通りを飛ばし、約束の時間ギリギリで目的地に到着した。女性はスマホを握りしめたまま「本当にありがとうございました！」と車を降りようとしたが、突然こちらを振り返った。

その目にはうっすらと涙が浮かんでいた。

「私……どうしても今日、間に合いたかったんです。家族に迷惑をかけてばかりで、これ以上失敗できなくて……。でも、あなたの運転がすごく落ち着いていて……途中でなんだか安心しました」

彼女はハンカチで目元を押さえながら、少し照れくさそうに微笑んだ。

「本当に感謝しています。間に合わなかったらどうしようって思ってたけど、あなたが運転してくれてよかったです」


その言葉を聞いて、胸の奥がじんと熱くなった。タクシードライバーとして何か特別なことをしたわけではない。ただ、穏やかな気持ちでハンドルを握り、できる限りのことをしただけだ。でも、その穏やかさが彼女にも伝わり、少しでも不安を和らげることができた。

街は今日もあわただしく、人はそれぞれの目的地に向かっている。

タクシーは、ただの移動手段ではない。誰かの心に寄り添う、小さな旅を提供する存在だ。涙ぐみながらも感謝の言葉をくれたあの女性のようなお客さんに出会うと、この仕事を選んで本当によかったと思えるのだ。

雨と快晴

雨が降り続くと、街の空気も少しずつ変わってくる。それが十日も続けば、建物や道がかなり湿気を帯びてきて、雨音がＢＧＭのようになる。

雨の日となると、タクシードライバーとしての仕事もいつもとは少し様子が違う。雨が降ればお客さんは増えるからだ。傘を持つ手を挙げる人があちらこちらで見える。雨の日のタクシーは、まさに引っ張りだこだ。

でも不思議なことに、お客さんが増えたからといって売り上げが比例して伸びるわけではない。雨の日に増えるのは、駅までとかコンビニまでとか、短距離のお客さんがほとんどだからだ。

乗車回数はたしかに増えるけれど、売り上げを見れば「ん？」と思うことが多い。それでも短距離のお客さんとのやりとりは短い時間だからこそ、何げない会話から笑顔がぽっと灯るようで、外とは打って変わって車内に温もりが広がる瞬間がある。

いっぽうで、快晴の日はまた様子が異なる。青空が広がると、なぜか長距離のお客さんが多い気がする。遠くまで行く理由なんて人それぞれだけれど、空が広いと人の心も広がるんじゃないかと思う。

僕にとって快晴の日は、仕事が楽しくなる日だ。空の青さを見ながら運転していると、不思議と心が軽くなる。それがそのままハンドルを握る手にも、車内の空気にも伝わってくる。

タクシードライバーをやっていると、自分の心の状態で売り上げや仕事に影響してくるのではないかと思うことがよくある。

快晴の日に売り上げが伸びるのは、たぶん、僕が快晴の日が好きだからだ。だから、雨が好きなドライバーは雨の日のほうが売り上げはいいのではないだろうか。

結局、運転している僕が楽しいと、その楽しさが自然とお客さんにも伝わってくるということだ。「今日はどこまで行きましょうか?」なんていう問いかけが、ちょっとした冒険の始まりみたいに感じられる日なのだ。

雨の日は短距離のお客さんが多い。快晴の日は長距離のお客さんが多い。それだけの話に思えるけれど、そこにはいろいろなドラマが詰まっている。どんなに短い距離でも、誰かと過ごすその時間は一度きり、特別なものだ。だからこそ、僕はどんな日でも、できるだけ上機嫌でいるようにしている。

タクシードライバーの仕事は孤独に見えるかもしれない。けれど、実際はたくさんの人とつながれる仕事だ。乗ってくるお客さんが話すひと言、時には黙っているけど伝わっていく何か。そういう小さな瞬間が積み重なって、毎日が彩られていく。

雨の日も、快晴の日も、どちらも大事な1日だ。

出会えた人たちとどんな時間を共有できるか。そこに楽しさがある。そして、上機嫌でいることは、その楽しさを引き寄せる秘訣なんだと思っている。

今日も運転席から見える景色は違う。乗ってくるお客さんもどんどん変わる。

変わらなくていいのは僕の機嫌だけだ。僕が笑顔でいれば、きっとどんな日も悪くない。

後悔先に、乗客さん、立たず

タクシードライバーとして街を走る日々。そのなかで、忘れられない出来事の1つがある。

ある夜、にぎやかな街角で1人の男性が手を挙げていた。だが、ぼんやりしていた僕はそれに気づかず、そのまま通過してしまった。少し先でハッとし急いで停車したが、すでに後ろからきたタクシーにその人は乗り込んでいた。

「しまった！」と胸を打つ後悔。ふと頭をよぎるのは「あの人、長距離だったかもしれないな。なんで気づけなかったんだ」という思いだった。失敗したという自分への怒りと、逃した魚は大きいということわざ通りの可能性が湧き上がる。

そんな雑念が湧くとき、必ずといって不思議なことが起きる。

後悔の波に飲み込まれると、街の風景から「乗客の気配」が消えるのだ。街は相変わらずにぎやかなはずなのに、どこにも手を挙げる人がいないように感じる。

そのとき、ようやく気づく。これはきっと自分の心が閉じてしまっているせいだと。

そんな経験をくり返すうちに、あるときふと考え方を変えてみた。

「お客さんは、きっとあのタクシーに乗ったほうが幸せだったんだろう。それに、きっともっといい出会いが待っているはずだ」

そんなふうに思ってみるだけで不思議と心が軽くなり、目の前の景色があざやかに戻ってくる。そして、本当にその後、驚くような出会いが訪れる。たとえば、有名な女優さんが乗り込んできて、まるで映画のワンシーンのような時間を過ごしたこともあった。

つまり、タクシーもタクシードライバーも僕だけじゃない。お客さんはそのタクシーに乗るべくして乗ったのだ。そして、お客さんもドライバーも一期一会の出会いをくり返す。

ドライバーとお客さんの精神状態がシンクロすると書いたが、まさにその通り。自分の心を閉じてしまえば、それはお客さんの心も閉じてしまうことになるのだ。

過去を悔やむと現在と未来を失う

後悔の念にとらわれ、自分を責めていると、心のエネルギーが削られ、周りのチャンスや幸運に気づけなくなる。だからこそ、失敗を受け入れ、自分を許し、次はきっともっと良いことがあると信じることで、未来が開けてくる。

もちろん、人間は完璧ではない。時には後悔することも、失敗を悔やむこともある。それでも、そんなときに自分にこう声をかけてあげるのだ。

「許そう、自分を。そして、次の一歩を踏み出そう」と。

タクシードライバーの仕事は、街と人をつなぐ役割だ。でも、たんに目的地まで人を運ぶだけではない。自分の心も運んでいるようなものだと思う。その心が軽やかで明るければ、街も輝き、出会う人々も笑顔になる。

この忘れ得ぬ経験を通して、僕はこう信じている。

過去の失敗も
未来への道しるべ

だから今日も、街を走りながら僕は心の中でつぶやく。

「さぁ、次の素敵な出会いが待っている！」と。

理不尽なときはガッツポーズ

タクシードライバーをしていると、時には理不尽な出来事に遭遇する。先日もそんな出来事があった。

街角で乗客さんを待っていると、前方で男性が手を挙げていた。その瞬間、右側からスルリとほかのタクシーが割り込んできたのだ。

「またか……」という悔しい思いが胸にこみ上げる。正直、このようなことはめずらしくない。タクシー業界では、お客さんの争奪戦が日常茶飯事だ。けれど、このときの自分は違った。名言セラピーで読んだフレーズが頭に浮かんできたのだ。

理不尽なときはガッツポーズ！

この言葉を自分に言い聞かせた。「ということは、この先にきっと何かいいことが待っている！」と半ば冗談混じりに考えながら、タクシーを少し先に進めてみた。すると、驚くことに、そのすぐ先に現れたのは、1人の美しい女性だった。彼女がこちらに向かって手を挙げていたのだ。

「こんな幸運があるのか！」と心の中で驚きながら彼女を乗せた。

彼女は穏やかな口調で兵庫県のある静かな街まで行きたいと告げた。道中、話を聞いていると、彼女はアート系の仕事をしているとのことだった。細やかな感性を持つ彼女との会話は、とても楽しいものだった。

車内でふと見せた名言カードにも「かわいい！」を連発してくれて、ドライバーとしても人としても、なんだか自分が褒められているようでうれしかった。

目的地に着き、彼女を降ろしたあと、帰り道に1人でこう思い返していた。

もしあのとき、ほかのタクシーに割り込まれていなければ、自分はこの素敵な女性を乗せることはできなかっただろう。そして、彼女との空間がこんなにも心温まる思い出に変わるなんて想像もしなかったろうと。

結局、人生の理不尽な出来事というのは、見方を変えれば新しい扉を開く鍵なのかもしれない。タクシーを走らせながら、僕は「ありがとう」とつぶやいていた。それは割り込んだタクシードライバーに対してだ。彼がいなければ、この美しい瞬間は生まれなかったのだから……。

「理不尽なときは、ガッツポーズ！」

この言葉は、これからもきっと日々の中でくり返されるだろう。理不尽なことが起きても、その先には想像を超える素敵な何かが待っている——そう信じられるから。

ラジオ体操

ある夏がやってきたとき、僕は何げなくラジオ体操を始めた。営業所のガレージで、隣の会社から流れてくるラジオ体操の音声を耳にして、ふと「やってみようか」と思ったのがきっかけだった。

でも、実際にやってみると意外と難しい。手足はぎこちなく、リズムも合わない。それでも不思議なもので、体を動かすと心も軽くなる。翌日も、その翌日も、僕は1人静かに体操を続けた。誰にも見られないよう、タクシーのほうを向いて、音楽に合わせて体を動かす。それだけで、何かが少しずつ変わっていくような気がした。

そんな僕の小さな習慣が変化を迎えたのは秋頃のことだった。同じ営業所のドライバーが1人、また1人と、2人のドライバーが加わり、3人でラジオ体操をするようになったのだ。

最初は驚きつつも、一緒にやる人が増えたことにラジオ体操の時間がますます楽しいものとなった。でも、そんな喜びも束の間、最初に加わってくれたドライバーは三日坊主でやめてしまい、2人での体操になった。そして、冬になる頃には、その人もいなくなり、僕は再び独りぼっちとなってしまった。

正直、寂しかったのはたしかだが、もともとは1人で始めたことだ。だから1人でも「続けよう」と心に決めた。誰が見ていなくても、この時間だけは自分のために大切にしたいと思ったからだ。

そして新年が明けた頃から、状況が少しずつ変わり始めた。今度は事務所のスタッフの1人が参加してくれたのだ。その人が加わると、以前にやめたドライバーも戻ってきて、気がつけばまた3人での体操が復活した。

毎朝3人でラジオ体操をしていると、ある日、営業所長が僕にこう言ってくれた。

「うちでもラジオ体操を流してみるか？」

その言葉に心が温かくなる。自分1人で始めたことが周りに少しずつ影響を与えている。たとえ小さな輪でも、たしかに広がっているのだと実感した。

このことで、僕は続けることの力をあらためて感じた。木村秋則さんも、続けることに「天は見ている」と言っている。目立つこともなく、誰かに評価されるわけでもない。ただ続けることで、少しずつ周りが変わっていく。それは小さな奇跡のように思えるのだ。

いま、営業所のガレージには3人の笑顔があり、あいかわらず隣の会社から流れるラジオ体操の音楽に合わせて、僕たちは体を動かしている。このちょっとした日々に幸せを感じる。

だから、続けることで心に何かが芽生えると信じている。そして、その芽がいつか、大きな花を咲かせることを願いながら……。

今日はあの街へ……

ある日、ひすいさんが枚方市《ひらかた》の和食店「ゆにわ」で打ち合わせをしているという情報をキャッチした。これはチャンスだと思ったものの、僕のタクシー営業区域は大阪市内。枚方市は区域外だった。

とはいえ、お客さん送り届ける形ならどこへでも行ける。僕はどうにか枚方行きの乗客さんを見つけるべく、西梅田で次なる行動を考えていた。すると、ドライバー仲間から「いま、お城にタクシー俺だけやで」というラインが入ってきた。

——これだ！

僕は変な確信を持った。というのも以前、大阪城から北大阪方面へ行ったことを思い出したからだ。僕は期待を胸に大阪城へ向かうことにした。

ここから僕のタクシーには流れるような展開が続いていった。

お城に向かう途中、曽根崎東で手を挙げるお客さんを発見。行き先は偶然にもお城方面だった。しかしその後、天満橋《てんまばし》で降りたお客さんのあと、すぐに新しいお客さんが現れ「鶴見区へ行ってください」とのこと。少し東へ移動して鶴見区でそのお客さんを降ろしたあとは、住宅街で少し迷いながらも、やっと大通りに出た。

するとまた新たなお客さんが。「岸和田へ」というひと言に、大阪のかなり南まで行く覚悟を決めた。枚方市ははるか北に遠ざかる。しかし、なんと「門真《かどま》市の岸和田町」と訂正され、ホッとする。

門真市で降りたお客さんから「帰りはこの通りがいいですよ」と親切に道を教えてもらい、その通りに大阪市内へ戻る道すがら、信号待ちをしているときにまた新しいお客さんが……。

営業ふうの明るい女性だった。その彼女がひと言、「枚方方面へ、しばらく走ってくださーい！」と言うではないか。

念願の枚方行きだ！　僕が心の中で大きくガッツポーズしたのは言うまでもない。道中は喜びを隠しきれず、つい名言カードを渡してしまうほどだった。

しばらく走ると道路標識に「樟葉《くずは》」の２文字が目に飛び込んできた。

——樟葉といえば「ゆにわ」さんのある街だ！

僕が標識を目にして興奮している様子が伝わってしまったのか、彼女が「樟葉に行きたいんですか？」と聞いてきた。普段は平静を保って安全運転を心がけるのになんとも恥ずかしい。するとと彼女は、「樟葉にも営業先があるから、では樟葉へ」と笑顔で言ってくれたのだ。僕には彼女が天使のように見えた。樟葉でタクシーを降りていった彼女に感謝しかなかった。

そして、ついに「ゆにわ」に到着。なんと、ちょうどそのタイミングでひすいさんが打ち合わせを終えて店から出てきたではないか。こんな偶然が続くなんて、本当に「ついてる！」としか言いようがない。

すべての出会いと出来事がつながり、夢のような1日が完成した。

人生はどんな瞬間も奇跡であふれている。

こんなちょっとした冒険の始まりは、目の前のチャンスを信じて動き続けることなのかもしれない。

日々、チャンスはたくさん転がっている。

だから今日も、僕はタクシーのハンドルを握りながら、次の奇跡を探しにいく。

肩書

僕は、肩書や地位といったものにはほとんど興味がない。

大切なのは、その人がどんな人かという一点だけ。僕にとっては、唯一それだけしか興味がない。

それまでは正直、どこか肩書で人を判断している自分がいた。名言セラピーと出会う頃に、社会的に立派な肩書を持った人たちが、いざというときに、こちらがあぜんとしてしまうような行動を取るのを目の当たりにした。それからは、

「これからは肩書などではなく、その人がどんな人か、それを大事にしよう」

と、思うようになった。

それからは自由になったというか、やはり世の中には、肩書を気にしない人たちもたくさんいるんだということに気づかされた。

そのなかのお1人が、奇跡のリンゴで有名な木村秋則さんだった。

木村さんは、僕が大阪でのひすいさんとのダブル講演会をお願いしたとき、僕の肩書や背

景、その他いっさい、何も聞こうとされなかった。

僕のそのときの自己紹介は、いまでも明確に覚えている。

「大阪府からまいりました、おのまことと申します」

これだけだった。

それなのに、木村さんはその場でオーケーをくださった。

このときの驚きというより、なんというか偉大な人は肩書なんて眼中にないのかもと、うれしくて……。


あらためて、肩書よりもその人がどんな人なのかが大事であると思った。そんな僕も、いつしか〝ひすい師範代〟という肩書に満足していたのかもしれない。

いまこうして師範代を離れてみると、サファリパークから野生に戻ったような、人生とは奇跡と冒険に満ちていることをあらためて感じている。

タクシードライバーをやる前の自分は、常に孤独を感じていて、いま思えば氷のような心だったと思う。けれど、たくさんの素晴らしいお客さんとの出会いで、気がつけば僕の心を覆っていた氷は溶けて、名言カードをプレゼントさせていただくまでになっていた。

おかげさまで、たくさんの温かいお客さんに恵まれた。

僕のタクシーには、素敵な人しか乗らなかった。

毎日、ジムのエンジンをかけるとき、「今日はどんな素晴らしい方と出会えるかな」と思うと、いつもワクワクしていた。

肩書にこだわるより、本当に大事なことはもっとほかにある。それに気づかせてくれたお客さんやすべての人に心から感謝したい。

そう、僕は誰かの支えによって日々を生きている。

CHAPTER
5

人生

僕が気づいた幸せの探し方

この本の最後の章になるが、僕はタクシードライバーをしながら多くのことを学んだ。人のやさしさや温かさ、誰かが支えてくれるというありがたさ……。タクシーという空間は、時には驚くことも悲しいこともあったが、それでも楽しいことが多かったと思う。

そうしたさまざまな経験を通じて、僕も名言カードを渡すことで誰かの支えになったり、助けになったりしただろうか。ただそれよりも多くの幸せをもらったことは間違いない。

だから、この章では、タクシードライバーをしていて日々心がけるようになったこと、その心がけが運を引き寄せてくれたことなどを、時折エピソードを交えながらつづっていきたい。

いちタクシードライバーの仕事にすぎないかもしれないが、あなたの人生においても変わらないものなのではないかと思っている。

「ありがとう」を何度も口にする

僕は、空車のときは「ありがとう」と言うようにしている。乗務中でお客さんがいない時間に、ひたすら「ありがとう、ありがとう、ありがとう……」と口に出してくり返す。

ただそれだけの話なのだが、これは心学研究家の小林正観さんという人が「ありがとうを

『年齢×1万回』言うと奇跡が起こる」と言っているし、あの斎藤一人さんも「ありがとう＝天国言葉」といって良きことが起こると言っている。

そんなことを教えてもらい、最初は「こんな簡単なことで本当に何か変わるのかな?」と思いながら始めたのだが、ただひたすら感謝の言葉を口にするだけなら簡単だし、無料でできる。なので、遊び感覚で試してみることにしたのだ。

すると、実際に不思議なことが起こった。

ある瞬間から、なんだか心が落ち着き、自然と「ゾーン」に入ったような感覚になったのだ。そして、そんな状態になったとたん、ふと遠くでお客さんの気配を感じたり、普段なら気づかないような場所に立っている人に気づけたりするようになった。

さらに「ついてるの歌♪」もよく歌っている。これは『世界一ふざけた夢の叶え方』(フォレスト出版刊) の著者の1人、菅野一勢《いっせい》さん (ひすいこたろう、柳田厚志、共著) に教えてもらったものだ。歌詞はとてもシンプル。「ついてる、ついてる～、ついてる!」とくり返すだけ。ただこの歌うとなぜか気分が上がり、ポジティブなエネルギーがあふれてくるのを感じる。

この歌にも不思議なことがあり、実際に歌を歌っていると、不意に長距離のお客さんが現れることもある。

こういったことを信じるかどうかは人それぞれだと思う。でも「ありがとう」や「ついてる」を口にすること自体は簡単だ。しかも、続けているうちに自分の気分も良くなることは間違いなく、心が穏やかになるのが実感できる。結果として、何か素晴らしい出来事が引き寄せられるのかもしれない。

正直なところ、「やらない理由が見つからない」くらい手軽な方法だ。試してみて「変わらない」と感じても損はないのだから。もし何かが変われば、それだけで得した気分になれる。実際に、僕自身も最初は半信半疑で始めたものの、いまではすっかりこの習慣が楽しくなっている。

やはり「ありがとう」「ついてる」という言葉には、不思議な力が宿っているのは間違いなさそうだ。もし興味が湧いたら、ぜひとも試してほしい。あなたの日常にも素敵な奇跡が訪れるかもしれない。

「心通り」に意識を傾ける

「心通り」という言葉を聞いたことはあるだろうか。これは、僕がタクシードライバーとして働き始めた頃、あるベテランドライバーの方から教えていただいた言葉だ。

その方は、「自分の心通りのお客さんが乗ってくる」と言っていた。正直、最初は何を言っているのかよくわからなかったが、タクシードライバーとしての経験を積むうちに、その言葉の意味が腑に落ちるようになった。

たとえば、自分が何か焦っているときは、なぜか急いでいるお客さんが乗ってくる。たいていは「急いで！　早く行って！」とせかされる。また、自分が怒っているときには、やはり怒っているお客さんが乗り込んでくる。車内で不機嫌な空気が漂うこともしばしばある。

そうした経験を重ねるうちに気づいたのは、自分の心の状態がそのまま鏡のように反映されるということだった。人との関わり合いはまるで鏡のようなもので、自分の内面がそのまま他者に映し出される。

この心通りに気づいてからは、自然と自分の心の持ち方を意識するようになった。どんなときでも気持ちを落ち着かせ、運を天に任せて「のんびり」すること、そして感謝の気持ちを持つことがいいお客さんを呼び寄せる。

気持ちをのんびりさせるために、僕は車内ではよく「名言ラジオセラピー」を聴く。聴いているうちに心が軽くなり、自然と笑顔になれるからだ。「笑う門には福来たる」という言葉があるが、まさにその通り。笑顔でいることで、自分も周りの人も気持ちよくなり、さらに良い出来事が起こる。

また、感謝の気持ちは空車中に「ありがとう」と何度も口にすることで、お客さんの多くが降車時に「ありがとう」と言ってくれる雰囲気を生み出す。これも「心通り」の1つなのかもしれないと、ふと思うことがある。

タクシードライバーという仕事は、人との出会いが多い分、こうした心通りを実感する機会がとても多い職業だ。だからこそ、日々感謝の気持ちを持ち、穏やかな心で仕事に向き合う。それが良い出会いを引き寄せ、結果的に自分にとってもお客さんにとっても幸せな時間をつくることにつながるのだと思う。

だから、今日も僕は「ありがとう」を心の中で唱えながらタクシーを走らせる。今日はどんな人に出会うのだろうか、どんな素晴らしい出会いが待っているのだろうか、そしてどんな奇跡が……。

きっと「心通り」の素敵なお客さんとめぐり会えるはずだと信じて……。

テンションを鎮める

タクシードライバーとして日々お客さんをお迎えする中で、「テンションを鎮《しず》める」ということを心がけの1つとしている。

以前の僕は、「元気で明るいほうが、きっとお客さんに喜んでもらえるだろう」と思い、明るく、活気に満ちた接客を心がけていた。都会の喧騒の中を走ると自然とテンションも上がる。街の熱気、人のにぎわいなど、それらが自分の心を高揚させるのだ。

でも気づいたのは、そのテンションの高さが、自分を少しずつ疲れさせ、どこかお客さんとの間に微妙な違和感を生じさせていることだった。

そこで、思い切ってテンションを鎮めることを試してみた。すると、不思議なことが起きた。静かなテンションで、穏やかな気持ちでお客さんを迎えたときに反応が変わったのだ。降車の際に「ありがとうございました」「気持ちのいい時間を過ごせました」と、何度も感謝の言葉をいただくことが増えた。

つまり、テンションを抑えることで自分が無理をしなくなり、自然体でいられるようになったのだ。その「自然体」が、お客さんに安心感を与えているのかもしれない。

「今日はとても静かで心が落ち着きました」と言ってくださったあるお客さんがいたが、都会の忙しさやストレスの中で、タクシーという移動時間がほんの少しでも「癒しの時間」になったのではないだろうか。それはドライバーとして何よりの喜びだ。

静かなテンションでいることは安全運転にもつながる。落ち着いて周囲を見わたし、急がず焦らず、慎重に運転するようになる。これにより僕自身も余裕を持ち、何よりお客さんの命を預かる責任を果たすことができるようになった。

安全性が向上することで、お客さんにより安心して利用してもらえるといった基本が備わったように思う。

「テンションを鎮める」という行動は、小さな変化だ。しかし、それがもたらす効果は想像を超えるもので、無理に明るく振る舞う必要はなかった。飾らず、ただ誠実にお客さんに向き合うことで、感謝の言葉をいただき、結果として売り上げも向上する。

「自然体でいることの大切さ」

「心の落ち着きを保つことの力強さ」

このことを教えてくれたのは、毎日タクシーに乗ってくださるお客さんたちだった。テンションを鎮めることは、自分を抑えることではなく、自分らしさを取り戻すための手段だったのだと思っている。

タクシーの窓越しに見える街の灯り。そこに映る無数の人々の人生。

その一瞬に触れるたび、僕は思う。この小さな空間の中でできることは限られているけれど、ここで生まれる穏やかさや感謝の気持ちは、けっして小さなものではないと。

時にはリアクションをしてみる

リアクションの力で人生が変わるのか。

ある日、講演会で聞いた言葉が心に残っていた。それは「お金持ちはリアクションが大きい」というものだ。

この言葉はもしかすると、テンションを鎮めることとは逆かもしれない。ただ考えてみると、たしかにリアクションが大きい人というのはどこか余裕がありそうで、場を明るくしてくれる印象がある。

たとえば、「ええっ、本当に?」「すごい!」なんていう言葉を、目を輝かせながら言ってくれる人と会話すると、こちらも自然とうれしくなるから不思議だ。

そんな話を思い出しながら、ふと自分の体験に重ねてみた。僕は趣味で名言カードを書いていて、それを人にプレゼントしている。名言が書かれた小さなカードを渡すだけだが、その反応は人によってさまざま。そうしたなかで気づいたのは「美人はリアクションが大きい」ということだ。

美人の女性に名言カードをプレゼントすると、こんな反応が返ってくる。

「わぁー！」「いただけるんですか！」「かわいいですね！」「財布に入れておきます！」「うれしい！」「ラッキー！」「写真撮ってもいいですか？」など……。

毎回、驚くほど大きなリアクションをしてくれる。「そんなに⁉　こんなカードぐらいで⁉　ありがとう！」と、逆に僕がうれしくなってしまうくらいのリアクションをしてくれる。

これが何度もくり返されると、思わず考えてしまうのだ。美人だからリアクションが大きいのか、それともリアクションが大きいから美人に見えるのか。はたしてどちらが正解なんだろうと。

この謎を少し掘り下げてみると、どちらも正しいのかもしれないと思える。美人の女性はもともと注目されることが多く、周りとのコミュニケーションが自然と豊かになっていくのかもしれない。そして、その豊かなリアクションがまた人を惹きつけ、さらに魅力を高めているのだと言っていい。つまり、リアクションの大きさが美しさを引き立てる重要な要素になっている可能性がある。

でも、これは美人やお金持ちだけの特権ではないような気がしている。リアクションが大きい人は、それだけで魅力的に見えるという事実に気づいたからだ。

たとえば、子どもたちの笑顔や、ペットが飼い主にじゃれつく姿を想像してみてほしい。そこには、素直で大きなリアクションがあふれているし、周りの人はその光景を見るだけで幸せな気持ちになるのではないだろうか。

反対に、リアクションが薄いとどうだろうか。「ああ、そうですか」と淡々と言われるより、「えっ、本当に⁉」などと驚いてくれたほうが、話しているこちらも当然うれしくなる。

つまり、リアクションは相手を尊重しているサインでもあり、ポジティブなエネルギーを交換する手段なのかもしれないと気づいたのだ。

それからというもの、僕は「リアクションの力」を意識するようになった。普段はテンションを保ちながら、ここぞというときにリアクションをするのは、実は簡単そうで難しい。恥ずかしさや照れが邪魔をしてしまうこともある。でも、ほんの少し意識するだけで目の前の世界が変わって見えるのだ。

たとえば、日常のちょっとした出来事にも感動してみる。「おいしい!」「素敵!」「最高だね!」と素直に言葉にしてみる。すると、自分も楽しくなるし、周りの人も笑顔になっていく。

講演会で聞いた「お金持ちはリアクションが大きい」という言葉。僕が実感した「美人はリアクションが大きい」という発見。この2つに共通しているのは、「リアクションの大きさが、その人の魅力を引き立てる」ということだ。

だから、美人でもお金持ちでもなくても、僕らが日常でリアクションを大切にするだけで、自分の魅力がちょっとずつ増していくのではないだろうか。

あなたも今日から試してみてはいかがだろうか。普段の会話や出来事に、ちょっとだけオーバーなリアクションを加えてみる。それだけで、あなたの周りの空気が変わるかもしれない。人生を少し楽しくする一面、それは意外と「リアクション」にあるのかもしれない。

あえて話かけない

「話しかけない」という言葉に少し驚かれるかもしれないが、この言葉の裏にも小さな奇跡がいくつも隠れている。僕は日々、さまざまな人と接する仕事をしてきた。そこから気づいたのは「話しかけない」、いわゆる沈黙だ。

それまで僕は、相手に良い印象を与えようと、積極的に話しかけようとしていた。先ほどのテンション高めと同じだ。タクシーという仕事柄、乗客の方々と接する機会が多い中で、まずは自分から話しかけなければと、いろいろとこちらから話題を振っていた。

しかし唐突さもあってか、どこかぎこちなさが残り、心からの会話とは言えないような違和感が残ることが少なくなかった。そんな中で試してみたのが「話しかけない」という方法だ。

もちろん最初は不安だった。こちらから話さなければ無言の時間が気まずくなるのではないか、相手に冷たい印象を与えてしまうのではないか。そんな心配が頭をよぎったからだ。でも、実際に実践してみると、それはまったくの杞憂《きゆう》だと気づいた。むしろ、相手が自然に言葉を発するのを待つことで、驚くほど温かい交流が生まれたのだ。

逆に話しかけないことで、僕は相手の声や表情やしぐさに意識を向けるようになった。声のトーンや間の取り方から、その人がどんな気持ちでいるのかを感じ取るようにしてみた。それはまるで、言葉にならない部分でつながるような不思議な感覚だ。

お客さんに名言カードを渡すようになってからは、話しかけないというスタンスが絶妙にマッチした。相手のほうから話しかけてもらったとき、そのひと言ひと言に耳を傾け、相手の心情に寄り添った言葉が浮かんだ。

ある日も僕から話さないでいると、ある女性がこう話し始めた。

「いま、人生の岐路に立っているんです」と。

僕は、彼女の不安な声から、その迷いや葛藤を感じ取った。そして、名言カードにこう書いた。

迷うことができるのは
選ぶ力があるから

彼女はそれを手に取り、「ありがとう」と少し涙ぐみながらも微笑んでくれた。その瞬間、言葉の持つ力をあらためて感じた。

また、ある高齢の男性は降車の際に「ありがとうね。こんなささいなやり取りが、心に染みるんだよ」と言ってくださった。特別なことをしているわけではないが、ただ相手を尊重し、寄り添うだけでも、その温かさはしっかりと相手に伝わるのだと実感する。

「話しかけない」という行動には、相手への尊重が込められている。それはけっして相手に距離を置くことではなく、むしろ相手を深く理解しようとする姿勢だろうと思う。そしてその先に、言葉を超えた心のつながりが生まれるのだと思う。

それは表面的なやり取りではなく、心から通じ合った証なのだろう。日々の忙しさの中で見逃してしまいそうな小さな感動。それを見つけることができたのは「話しかけない」という選択をしたからこそだ。

言葉は時に強い力を持つ。でも、それ以上に重要なのは、時には沈黙して「聴くこと」かもしれない。相手の言葉に耳を傾け、その心に寄り添う。そこから生まれる温かな瞬間が、どれほど大切なものか。

僕はこれからも、「話しかけない」という静かな行動の中に、たくさんの奇跡を探していきたい。

話はプロセスを大切に

あるとき、心理学の学校が主宰する講演会で、目からウロコが落ちるような話を聴いたことがあった。

それは「聴く」という文字は「耳、十、目、心」からできていて、耳だけではなく心を使って聴くことが大切だということだった。そして、「話のポイントを聴くのではなく、プロセスを聴くこと。そこに本当のポイントがある」ということを聴いたとき感動すら覚えたのだ。

それまでは、話はポイントをつかむことが大切だと思っていた。お客さんの話を聴きながら「ポイントは何?」と探そうとしていたのだ。

でも、話が進んでいく過程を心を使って聴いていれば、おのずとポイントがわかってくるという話を知ってから、お客さんの話をゆっくり聴くように意識し始めた。

ある日、大阪駅横で信号待ちをしていたら明石大橋の近くまでご乗車になった方がいた。

内心、ＪＲの新快速に乗ったほうが早いし安いのにと思っていたら、そのお客さんは家に着くまでの間、ずっと話しっぱなしで、どうやら話をしたくてタクシーを使ったようだった。

僕は話のポイントは何かについては考えないようにして、ただその方の話を聴いていた。すると、降車のときに「今日は楽しかった。ありがとう」と言って、「帰りの高速代に」と料金をたくさん払ってくれたのだ。しかも、それからも何度も神戸まで迎車しては大阪までご乗車になってくれた。

話の過程（プロセス）をただ聴いていただけなのに、こんな幸運が訪れるなんて考えてもいなかった経験だった。

それからというものの、名言カードを書くときにはお客さんの話のポイントをつかむのではなく、その車内に流れていたお客さんの話のプロセスを思い返しながら言葉をつづるようにしている。

タクシーはお客さんとの一期一会の空間であるからこそ、タクシーに乗ってから降りるまでの過程すべてが物語である。その物語にポイントを求めるのは愚の骨頂だ。

ただ、お客さんの人生の中で、僕との一期一会が重要なポイントになってくれれば、それは大歓迎だ。

鳥の声を聴く

大阪の中心部を走るタクシーの運転席に座りながら、毎日多くの人々を目的地へと送り届ける仕事。その中で感じるのは、街の喧騒や忙しい空気、そして時折訪れるふとした「間」というものがある。

その「間」の瞬間に、ふと気づくこと、それが「鳥の声」だ。

タクシーを運転していると、とくに忙しくしているときほど、知らず知らずのうちに心が張り詰めている。目的地に早く到着することを考えたり、渋滞に巻き込まれてイライラを感じたり、次の乗客を見つけようと焦ったり……。

そんな状態では、周囲の状況に対する感覚も鈍くなりがちで、結果として乗客の気配が感じにくくなる瞬間がある。

そんなとき、僕は少しだけ窓を開けてみる。すると、風が通り抜けるのを感じるのと同時に、耳を澄ませることで聞こえてくるものがある。それが街路樹や建物の隙間にある緑地から響いてくる鳥たちの声だ。

この鳥の声が聴こえ始めると、不思議と心が少しだけ穏やかになる。まるで、自分の心のアンテナが微調整されるような感覚だ。そしてその後、気づけば乗客の気配も再び感じられるようになる。

もちろん、これは科学的に証明されたわけではなく、非常に感覚的な話だ。

でも、どれほど忙しい街中であっても、自然は確かに存在し、その音が人間の心に影響を与えてくれる。

それは、ただたんに音を拾うだけのものではない。自分自身に「余裕を持つこと」を思い出させてくれるのだ。だから、忙しいときほど意識的に余裕をつくること。余裕を持った状態であれば、周囲に注意を払いやすくなり、僕の場合は事故を防ぐことができる。そして何より、自分自身が安心して運転できるという心理的な安定感を得ることができる。

また、鳥の声に気づける心の状態は、自分が「いまこの瞬間」に存在しているということを確認させてくれる時間でもある。未来のことばかりに気を取られ、過去のことに思い悩むこともなく、ただ目の前の環境に集中すること。そうした状態こそが、本来のリズムや流れを取り戻す鍵となる。

大阪という大都市の中で、自然を感じる機会は限られている。しかし、街路樹やビルの隙間に植えられた小さな緑地は、たしかにそこに存在し自然の営みを静かに続けている。その一部である鳥たちの声が、こんなにも人の心に影響を与えるのだと思うと、少し感動的でもある。

たとえそれが一瞬の癒しであったとしても、都会の喧騒の中にひそむ「自然の声」を感じることは、忙しさに埋もれがちな日常に彩りを与えてくれるのだ。

だからこそ、あなたも一度試してみてほしい。街中を歩いているとき、あるいは車を運転しているとき、ふと窓を開けて自然の声に耳を澄ませてみる。すると、思いがけない形でその声が耳に飛び込んでくるかもしれない。その小さな発見が、日常に新たな気づきや余裕をもたらすはずだ。

私たちの生活には、常に時間や効率、結果が求められる。でも、いまという瞬間に目を向け、心を少し解放してみることで得られるものもある。

その1つが鳥の声。それは、街中でも意識さえすれば聴こえてくる、静かで穏やかな音の世界なのだ。

何をやってもダメなときは力を抜く

職業柄、どうがんばってもうまくいかないという日がある。前方でお客さんが手を挙げているのを見つけて、「よし！」と近づいていくと、どこからともなく細い路地から別のタクシーが現れて先を越されたりする。それも「えっ、そこから⁉」と思うようなタイミングで現れたりする。

また、複数車線の一方通行を走っていて、何となく車線を変更したとたん、先ほどまでいた車線にお客さんが手を挙げているのを見つけるなんてこともある。ほんの数秒前の判断が裏目に出てしまうわけだ。そんなことが何度も続くと、「タイミングがあかんなあ」と、どうも気持ちが空回りしてしまう。

でも、そういう日だからこそ、僕は無理をしないと決めている。焦ったり、悔しがったりしても空気が悪くなるだけで、潔く「降参」してしまうのだ。

そして、「今日はドライブの日」にしようと切り替える。普段気になっていたものの通る機会が少ない海沿いの通りを走ったり、あまり流さない街の中をのんびり走ってみたりする。もちろん営業区域内だが。

すると、意外なことが起こる。普段なら絶対に流さないような場所でお客さんが現れて、お客さんから「こんなところでタクシーを拾えるなんて！」と驚かれることもある。しかも、そういうお客さんに限って長距離の移動を希望されることが多い。

なんだか、ドラクエの「はぐれメタル」のようなお宝に出会えたときの気持ちだ。

もちろん、そんな幸運が訪れない日もある。でも、そもそも「今日はそういう日だったから」と割り切って気にしないようにしている。気ままに走るだけで、空気もよくなり、自分の心も少し楽になるのから不思議だ。

人生も仕事もそうであるが、がんばりすぎるとうまくいかなかったときに自分を責めてしまう。

——あれだけがんばったのに、どうして……と。

タクシーの運転を例に取るならば、がんばろうとするあまり握るハンドルにも普段より力が入ってしまう。運転はかえってぎこちなくなり危険を招くことになる。逆にリラックスしてハンドルを握ると、車は滑らかに進む。

そう思ったとき、僕はふと気づいた。人生という道を進むときも同じことが言えるのではないかと……。

人生というものも意外とシンプルにできていて、力を抜くことで本来の魅力や自然な流れが引き出されることがあるのかもしれない。

ある武道では「力を抜く練習」が組み込まれているという。たんなる技術ではなく、力を抜くという練習は自分自身の本質に向き合うことでもある。「がんばらなければ」「失敗してはいけない」という心の内なる声と向き合い、それを手放すこと。それには、努力以上に大きな「勇気」が必要だからだ。

そう考えると、「力を抜く」ということは怠けることでも逃げることでもない。それはむしろ、自分自身を信じ、流れに身を委《ゆだ》ねる覚悟の表れなのだろう。がんばりすぎる自分に「大丈夫だよ」と語りかけ、少しだけ手を緩める。そうすることで、自分らしさを取り戻し、本来の力を発揮できるように思うのだ。

僕がよく思い出す言葉がある。それは「ルン・ルの会」の植原紘治さんの言葉だ。

ゆるんだ人から
うまくいく

この言葉を心に留めるようになってから、僕は少しずつ、自分の歩幅で生きられるようになった。心がゆるむと見える風景が変わる。がんばりすぎて見えなかったものが見えるようになり、がんばりすぎて感じられなかった温かさを感じられるようになった。

だからこそいま、もしもあなたが何かに行き詰まりを感じているのなら、一度立ち止まってみてほしい。力を抜くことを恐れずリラックスして深呼吸をすると、きっと気づくはずだ。がんばりすぎないことで開ける道が、目の前にあるということを。

機嫌をよくする

「理不尽なときはガッツポーズ」

これは、僕がわりと好きな言葉だ。

スキップしながらでは気分が沈みにくいという。つまり、心は体の動きに添うということだ。だから、気分が沈むようなときはガッツポーズをすると、わずかでも気持ちが上がってくる。

まあ、笑う門には福がくるというではないか。だから、気分がともなっていなくてもポーズだけでもやってみると福がやってくるものなのだ。

だから、タクシー乗り場に長い時間並んでいて、やっと自分の番がきたと思い、それが短距離のお客さんだったりすると、僕は「面白くなってきたな」という気持ちになる。

そういうときこそ笑顔で、胸の前で、右手や左手で、時には両手で、小さくガッツポーズをやってみる。そしてできるだけ、ご機嫌に乗務することにしている。そんな僕の機嫌にお客さんから驚かれることが多くなる。

「近くなのに、こんなに気持ちのいい運転手さんは、初めてだ」と喜んでいただけるのだ。すると、片道だったのが往復になったり、途中で電車に乗り換える予定が現地までとなったりすることも実際に多かった。たとえば、南海電車の難波駅までのお客さんが、なんと高野山までという長距離に変更されたこともあった。

ほかにも、短距離のお客さんが降りたあとに長距離のお客さんが手を挙げていたりすることが、不思議だが多々あった。

ある日、午前中は短距離のお客さんばかりが続いた。気持ちは「まいったなぁ」である。でも、ウソでもご機嫌でいようと頻繁にガッツポーズを重ねた。そうしたら、午後からは中長距離のお客さんが続いて、1日が終わってみれば、かえっていつもより売り上げが伸びていた。

タクシードライバーになってから、なぜか不思議な流れを感じることが多かった。

機嫌は起源

ダジャレのようだけれど、心の状態が、どうも現実の源になるように感じる。

だから「機嫌」は「起源」だ。

そのなかでも、僕がタクシーに乗客として乗ったときの忘れられないエピソードがある。北海道のある街へ、男4人でラーメンを食べに行ったときのこと。泊まっていたホテルをチェックアウトして、タクシーに乗って目当てのお店の名前を告げたら、あからさまにドライバーさんの機嫌が悪くなった。

そう、そのラーメン屋さんまでは短距離だったらしい。

ラーメン屋さんに着いて、お金を払っても、そのドライバーさんは無言のまま、トランクからキャリーケースを降ろす間も知らん顔。そして、不機嫌そうにドアを乱暴に閉めて、急発進で去って行った。

僕らは4人、タクシーに乗っても割り勘で1人当たり4分の1の額になる。これは当たり前のことだが、全員大きなキャリーケースを持っている。もちろん近くには駅などない。ということは、ラーメンを食べたら、またタクシーに乗る確率が高い。

僕は、このドライバーさんはなんでそこに気がつかないんだろうと、不思議だった。

たとえば、このドライバーさんが機嫌よく、こんな声をかけていたら、道中はまったく変わっていただろう。

「観光ですか、ラーメンを食べたら次はどちらへ？　空港ですか、よかったらお店の前でお待ちしますので。もちろんキャリーケースもトランクに置いたままでどうぞ」

そう言われれば、僕らも大きな荷物を出し降ろししなくても、手ぶらでお店に入れるし、知らない街で次のタクシーを探さなくてもいい。空港までも4人で割り勘なら乗る。ランチのラーメンなのだから、すぐに食べ終わる。

もし、ドライバーさんが機嫌よく声をかけてくれていたなら、「助かります、では、お願いします」と、僕らは喜んで、そうお願いしていたはずだ。

事実、このとき僕らは、ラーメンを食べ終えてからタクシーを探すのに、別の通りまでかなり歩いてやっと見つけたタクシーで空港へ向かったのだから。

実は、僕は「このあと空港まで行くので、お店の前で待っていてもらえませんか」と言おうとしたのだが、ドライバーさんのあの不機嫌さに言い出せなかった。

僕は自分が乗客になって初めて、機嫌の大切さを実感した。

機嫌しだいで、お客さまの向こうには、お客さまが待っていると。

小さな習慣を持つ

柏手《かしわで》というと、多くの人が神社や神事での光景を思い浮かべると思う。これは参拝時、手を打つことで感謝や祈りをささげる日本独特の文化だ。でも、この柏手を日常生活に取り入れることで、心を整えたり、空間を清めたりする素晴らしい効果がある。

このことに気づいたのが、ある作家の講演会場での出来事だった。その方は開演前の会場内を歩きながら、軽やかに柏手を打ち続けていた。その光景は、どこか神聖でありながらも自然体で、不思議と場全体が澄みわたっていくような印象を受けた。それ以来、僕も日常の中にこの柏手を取り入れようと思った。

とくに朝、自分のタクシーを清めるために柏手を打つことを習慣にした。タクシーの周りをゆっくり歩きながら、柏手を打って「パーン」という音を響かせる。そしてドアを開け、車内に向かっても柏手を打つ。

これには明確なルールや形式があるわけではない。ただ、心の中で「車を安全に使わせてもらえることへの感謝」や「今日1日を無事に過ごせますように」という祈りを込めている。

柏手を打つと、驚くほど気持ちがリフレッシュする。音が空気を揺らし、空間全体を浄化すなるような感覚になる。車内や周囲が清涼感に包まれると同時に、自分自身の気分も晴れやかになる。忙しい朝などにこの習慣を行うことで、心を整えるスイッチが入る。

また、白い布を使って愛車ジムタロウの車内を丁寧に拭《ふ》いていく。これもある神社の宮司さんからうかがった。その宮司さんが「毎朝、車のハンドルを白い布で拭くといい」と教えてくれたのだが、初めて聞いたときは少し意外だった。

ただ、白い布というのは昔から日本の文化において清めや神聖さを象徴するものであることだと言われ、これも習慣にしている。

ひと通り柏手を打ったあと、白い布を手に取りハンドルやシフトレバー、周辺のパネルなど、運転席まわりを丁寧に拭いていく。ただ汚れを取るという感覚ではなく、「清める」という気持ちを込めて拭いていると、これもまた不思議と空気が澄んでいくような感覚になる。

手を動かしながら、車内の空気が少し軽くなるように感じられ、ジムタロウもいくぶんか喜んでいるような気がして、朝から心が穏やかになっていく。

僕にとってのジムタロウは、ただの移動手段ではなく生活をともにするパートナーのような存在。そんなジムタロウに対して、毎朝少しでも感謝や愛情を表す方法として、この「白い布で拭く」という習慣は、僕にとってちょうどいいのかもしれないと思っている。

考えてみれば、毎日触れるハンドルやシフトレバーを清めることで、自分自身も整えられているような気がしている。手を合わせる柏手もそうだが、このようなちょっとした習慣が日々の暮らしに小さなけじめや区切りを与えてくれる。

僕はそれほど信心深いわけではない。でも、その場を浄化させたり、感謝の気持ちを込めたりする習慣を何かの形ですることは意味があるような気がする。

神事といったかしこまったものではなく、ちょっと日常生活の中に取り入れることで心を穏やかにし、身の回りの空気を変えてくれる。

スピリチュアルの世界では「毎朝、太陽に手を合わせる」「毎日、トイレ掃除をする」「1日1000回、ありがとうを言う」など、なんだか怪しげな習慣が紹介されている。ただ、なぜかそういったルーティンを持っている人に成功者は多い。

毎朝、タクシーの周りをうろうろしながら柏手を打っている僕は、はたから見れば怪しい人であるが、そこはあまり気にしていない。「きっと、あの人はタクシーに感謝しているんだろう」という、周囲は温かいまなざしを向けてくれているくらい前向きにとらえている。

小さな習慣を持つということをぜひとも試してみてほしい。自分なりの儀式とでも言おうか、その儀式1つで空気感が変わり、自分自身の心にも不思議と変化が訪れるかもしれない。

もしかしたらまた1つ、世界が新しい場所に変わっているだろう。

小さな1つを大切にする

タクシードライバーとしての小さな仕事、それは短距離だ。売り上げが少ないため、短距離のお客さんにどう向き合うかは、ドライバーとしての心構えを問われるテーマの1つだ。

実際、短距離の乗客とトラブルになるドライバーがあとを絶たないと聞く。しかし、僕が売り上げ上位の先輩たちに尋ねたところ、誰もが口をそろえて言うのは「短距離？　苦にならないよ」ということだった。

その言葉にタクシードライバーを始めた頃は意外だと感じたが、同時に納得もした。そもそも、長距離ばかりというのは現実的ではない。将棋にたとえるなら、歩がなければ飛車だけで戦えないのと同じだと思ったのだ。

短距離の仕事を否定的にとらえるドライバーもいるが、僕はむしろそのあとに訪れる幸運を期待している。理不尽な出来事のあとにこそ、何か良いことが待っていると言われるように、短距離のお客さんを降ろしたあとに偶然、中長距離のお客さんが現れることがある。

こんなこともあった。

ある駅前で、短距離のお客さんが降りるときに、「ありがとうございます！」と、笑顔で声をかけたら、偶然、近くにいた人が、「乗るつもりはなかったんですが、ありがとうという声が聞こえてきたので、乗りたくなってきて、乗ることにしました」

そう言って乗車された。その方は以前、あるタクシーで嫌な思いをしてからは、その会社のタクシーには乗らなくなり、それからはある会社を選んで乗っているという話をしてくれた。

そして、なんと、「実は、私はラーメン店を経営する者なのですが、新規店舗を出す予定もありますので、店長候補として、うちに来てもらえませんか。ぜひ一度、うちの店を覗いてみてください」と、お誘いいただいたのだ。

光栄なことだ。ご機嫌でいると不思議なチャンスがめぐってくるのは、どうも本当のことらしい。

小さな仕事を軽視してしまうと、このようなチャンスを見逃してしまう可能性があるし、たとえ短い距離でも、そこには1人の人間との出会いがあり、小さな努力が大きな結果を生むこともあるということだ。

どんな仕事でもプロとして心を込めて対応することで、「ありがとう」がつなぐ偶然の幸運が生まれるのだと思っている。

小さな仕事をたんなる〝仕事〟として見るのではなく、1つひとつを丁寧に、心を込めて対応すること、その積み重ねが自分でも想像できないような幸運を引き寄せるのではないだろうか。

小さな仕事には、奥深い可能性が秘められている。

未来が過去を決める

タクシー業界で「マグロ」というと、客待ちをせずにずっと流しているタクシーのことだ。マグロは回遊魚で、24時間泳いでいないと、えら呼吸で酸素が取り込めないため窒息してしまうらしい。それにかけて、ずっと流しているタクシーをマグロという業界用語だ。

なぜいきなりマグロの話をしたのかというと、タクシーには運が大きな要素を占める仕事だと感じることが多いからだ。

たとえば、タクシーを1時間流して1000円のお客さんが3回で3000円という場合と、1時間昼寝（仮眠）をしていて、あるお客さんに起こされて5000円の距離を走る場合がある。

つまり、真面目に流しているから売り上げが伸びるというわけでもなく、昼寝していても売り上げが伸びる場合も普通にあるから面白い。

やはり、運が左右する要素が大きい仕事だといえる。

それでも、平均して売り上げのいいドライバーは、ずっと客待ちしているドライバーより流すドライバーのほうに多かった。


ただ、同じ街の同じ通りを同じように流しているドライバーでも、売り上げに雲泥《うんでい》の差が出るのは、不思議とまでは言わなくても、実力だけではない何かがあると感じざるを得なかった。

つまり、流すにも何かコツがあるようだった。そこで僕が気づいたコツの1つは「気配を大事にすること」だった。通りから感じる気配、この通りからはなんとなく手が挙がる気配を感じるなどだ。それを頭で考えずに、直感を大事にしていると不思議と本当にお客さんが現れることが多かった。

ただ、この直感が微妙で、人通りの多い街の中を走っていても、お客さんの気配をまったく感じなくなるときがあった。

ある日、どんなときに気配を感じなくなるのか気がついた。それは、自分が後悔しているときだった。

過去は、未来で変わる

たとえば、手を挙げているお客さんに気がつくのが遅れて、お客さんがいる場所を過ぎてから停車してしまうことがある。そのお客さんが後続の別のタクシーに乗ったりすると、

——なんでいまのお客さんに気がつかないんだ！

——長距離のお客さんっぽかったのに！

と、後悔して自分を責める。すると、街からお客さんの気配がなくなっていく。

それに気がついてからは、見方を変えるように努めた。

——あのお客さんにとっては、後ろのタクシーのほうが良かったんだ。あのお客さんの行き先に明るいドライバーだったかもしれない。いやひょっとしたら、お客さんの初恋の人だったかも……。

と、その人の奇跡を思い浮かべながら、自分を責めるのをやめる。さらに自分の奇跡を信じ

る。

——僕にはこの先、もっと素晴らしいお客さんが待っている。たとえば女優さんとか……。

まったく不思議なことだが、前の章で書いた「後悔先に、乗客さん、立たず」で有名な女優さんが乗ってきたという話は本当だ。

お客さんを逃して後悔したあと、すぐに気持ちを切り替えて自分の奇跡を思ったところ、なんと本当に、絵に描いたような美人女優さんが手を挙げていた。

その女優さんはサングラスをされていて、顔はわからなかったが、白い帽子に白い服がとてもよく似合うそのたたずまいからも、もうひと目で「女優さんだ！」とわかるくらいに輝くオーラを放っていた。

そして、ある大きな劇場名を行き先に言われた声で、僕が感動した映画に出ていた方だとわかったのだ。

途中で、あるお店に寄られたときに名言カードをプレゼントさせていただいた。すると、彼女はサングラスを外し、運転席と助手席のシートの間にまで身を乗り出して喜んでくれた。さすがにこのときは、うれしさを隠せずにいた。

——さっきのお客さんを逃して本当によかったなぁ。こんな美人女優さんが待ってるとは！

そう、過去は変えることができる。
後悔して自分を責めていたのが、いまは逆に自分を褒めたくすらなってくる。
後ろを向いて、自分を責めると幸運の気配が消える。
前を向いて、自分を信じると幸運の気配が戻ってくる。
運転と同じで後ろを向くと前が見えない。
後ろを向くと未来が見えなくなる。
運転中、進行方向を見ることは、当たり前だったのだ。
そう、「当たり」は「前」にある。

人と比較しない

タクシー（個人タクシーは違う）は、基本的に売上額の4割から6割が収入なので、その差が明確に数字に出る。僕は稼ぎ頭と冷やかされたりすることもあるが、実際には上には上がいて、常に稼ぎ頭のトップドライバーがいる。

すると、人間というのは他人と数字と比較して一喜一憂するものだ。

あるとき、同じ営業所で常にトップドライバーだった人と競争したことがある。

1日の乗車時間は12時間と同じ。だから、いかに効率よく乗客の回転率を上げるかが勝負となる。お客さんを目的地に送り届けている最中も、そこから次の乗車場所を考え、当然アクセルを踏む足に力が入り、普段よりスピードも上がる。

お客さんとの会話も上の空で、適当に相づちを打ちながら、降車時には名言カードを渡す余裕すらない。

売り上げを上げることはけっして悪いことではない。でも、僕自身は競争するのは、もう二度とやらないと誓った。

なぜかといえば、その日の売り上げが勝ったところで何か虚しさを感じたからだ。

そして、何より強く感じたのは安全運転でなくなることで、お客さんに恐怖を与えていたのではないかと後悔したことだ。タクシードライバーとしての基本を忘れてしまいそうな行為に自分でもぞっとして、他人と比較することは自分自身を見失うことにほかならないと感じたのだ。

もちろん名言なんて浮かばない。

それからは、他人の売り上げを気にせず自分の満足度を大事にすることにした。

「今日は、お客さんに喜んでもらえたなぁ……」

「可愛い女の子が名言カード喜んでくれたなぁ……」

と、自分が素直に喜べることを優先したのだ。

すると、やはり前より平均の売り上げもよくなるから不思議だ。

他人と比べることはやめよう。そう思ったその日の帰り道は、自転車に乗りながら一段と幸せな気持ちで帰路に着いた。

比べていいのは
昨日の自分

そんな名言を自分にプレゼントした。

明日の自分がもっと幸せになるように競争するのであれば、僕は毎日でも競争したい。そんな楽しみが増えた1日だった。

自分との相性を大切にする

タクシードライバーをしていると不思議な現象に何度も出会う。その1つが「相性」だ。相性といっても特定の人との関係性ではない。乗り場や通り、さらには街との相性のことだ。

僕は、ある特定のタクシー乗り場がとても気に入っていて、日課のようにそこへタクシーを走らせている。なぜその場所が好きかというと、単純に中距離のお客さんが多いからだ。

最初は偶然見つけた乗り場だったが、通い続けているうちに「自分に合っている」と確信するようになった。

というのも、その乗り場の評判を聞きつけてほかのドライバーがやってくることがあるのだが、必ずしも僕と同じ結果にはならないからだった。僕と同じように中距離のお客さんに恵まれるドライバーもいれば、短距離の連続で「この乗り場は合わない」と去っていくドライバーもいる。同じ場所であるのにもかかわらず、なぜこうも結果が違うのか。それはもう「相性」としか言いようがないと思ったのだ。

この相性の不思議なところは、特定の乗り場だけに限らない。ある通りやある街でも同じことが起こる。ある通りではいつもいいお客さんと出会えるのに、別のドライバーにとっては空振りが続く場所だったりするからだ。

こうした現象を目の当たりにすると、自分にとって相性の良い場所を探し出すことの大切さを感じざるを得ない。だから、相性のいい場所を見つけたら、僕はそれを大切にしている。逆に、たとえ誰かが「ここは稼げる」と絶賛していても、自分にとって合わなければ無理にその場所にはこだわらない。

僕はよく「どうしてそんなにうまくいくのか」と聞かれることがあるが、答えは単純だ。「自分に合う場所を見つける」こと。そして「合わない場所に固執しない」こと。これに尽きる。

人によって適した場所や状況は異なるだろう。それを見極めるためには、たくさんの場所を試し、経験を重ねるしかないと思っている。それは多くの本に書いてあるように、失敗を恐れず、新しい道を探すことでしか手に入れられない。

結局、努力や技術だけでは補えない、運や縁のようなものが確実に存在し、新しい道を探していく先に運や縁が引き寄せられているのかもしれない。そして、どんなに良い場所や評判の良い環境であっても、自分に合わなければ、そのときは手放す勇気も必要だということだ。

幸いなことに、世の中には道が無限に広がっている。新しい場所を探せば、きっと「ここだ」と思える道が見つかる。

僕にもそんな場所があるように、ずっと探し続ければ誰にでも、幸せの場所はきっとそこにある。

運を転がす

やはりタクシードライバーとして一番心がけていること、それはもちろん「安全」だ。

漠然に安全というと、どこか甘いような印象がある。しかし、タクシードライバーが何よりも安全を優先させるのには、売り上げよりも勇気が必要だからだ。

僕の知る限り、継続して売り上げ良好なドライバーは皆、安全運転だ。

一見、無茶をしたほうが売り上げが伸びそうに思えるが、そうしたドライバーは、一時的に売り上げが伸びたとしても、続かない。僕が1日トップドライバーに競争を挑んだが、その1日勝っただけだった。

結果的に、売り上げを伸ばすドライバーは〝安全面でも安定している〟ということだ。

また、タクシードライバーは運転がうまいと思われがちだ。おかげさまでお客さんから褒めてはもらえるが、どんなに褒められても僕は自分の腕前だと思ったことは1%もない。

僕がバイクに乗って、ある峠の有料道路を走っていたときのことだ。

その日は、春の陽気で路面状況もよかった。心も軽く快調に走っていたら、あるコーナーを曲がった瞬間に、そこの路面だけ雪が残っていた。

それまで雪などまったくなかったのだが、突然の雪面に僕は見事に横すべりして、センターラインを越えて対向車線で止まったことがあった。

一瞬、凍りついたが、もしあのときに対向車がきていたら僕は死んでいただろう。

対向車がこなかったことは偶然にすぎない。もちろん偶然に実力など何もない。

そう、運転の腕が良かったのではなくて、ただ運が良かっただけだった。

運転は「運を転がす」と書く。

運が良かったから、ついていたからと、100％そう思っている。

運転は、運天
ついてるは、天がついてる

そして、この「ついてる」という言葉には、常に「天」がついているという意味だと勝手に解釈している。結局、自分の力はなく、あるのは100％、運なのだ。

タクシードライバーとして必要なのは、運転技術を磨くことではなく運を磨くこと。そうした運を上げていくのは、イコール安全運転を心がけるということだと気づいた。

運転は運天だと僕は感じる。

天のおかげで、僕はついている……。

仕事に誇りを持つ──────●

タクシードライバーの誇り──それは命を運ぶということだ。

パイロットが操縦する飛行機は、何百人もの命を空に乗せて飛ぶ。その責任の大きさから自然と多くの人に尊敬される職業だ。けれど、地上を走るタクシードライバーもまた、同じように命を運ぶ仕事をしているのには変わりはない。

タクシーは日常の中に溶け込んでいる存在のせいか、僕たちの仕事はつい見過ごされがちだが、タクシードライバーも地上でお客さまの命を守り、無事に目的地へ送り届けている。交通状況に注意を払い、事故を防ぎ、安心して乗れる空間を提供する。これらの行動には、たしかな責任感と使命感が求められる。

短い移動の中にも、お客さまそれぞれの人生がある。新しい挑戦に向かう人、大切な人に会いに行く人、または1日の疲れを抱え帰宅する人……。そんな時間を安全に、そして快適に過ごしてもらうことは、タクシードライバーにしかできない役割だ。

僕たちが運転席で堂々とハンドルを握る姿勢は、お客さんに安心感を与える。不安定な運転や自信のない態度は、車内の雰囲気にも影響する。だからこそ、自分の仕事に誇りを持つことが大切だ。その誇りは、運転技術だけではなく、「命を運ぶ」という責任と向き合う姿勢から生まれているのだ。

僕たちが運転するその1台のタクシーが、どこかの誰かにとって大切な瞬間を支えることがある。短い移動の中で、安心と信頼を提供する。その小さな積み重ねこそが、タクシードライバーという仕事の価値を形づくっている。

その価値を誇りに思うことは、僕たち自身をより強く、やさしくしてくれる。

天は誠が大好き

タクシーには、その土地をまったく知らない方も乗車する。

知らないからこそ、とんでもない遠回りのルートを希望してくる場合がある。タクシードライバーとしては、お客さんの希望通りに走ればそれでいいのだが、

「その経路は、距離が長くなりますがよろしいですか？」

とひと言訊く。それだけで、特別な理由がないかぎり最短の経路に変更される。

ただ、距離が短くなると必ず時間も短くなるというわけでもない。遠回りしたほうが目的地に早くつく場合もあるのだ。わかりやすく言えば、高速道路を使えば一般道を最短で走るより距離が長くなっても早いときなどだ。

もちろん距離が長くなれば料金は高くなる。タクシーに乗り慣れているお客さんは、「距離ではなく、時間で」と依頼されたりする。

ただ、これも一概には言えない。タクシーには距離メーターと時間メーターがあり、ある速度以下になると時間メーターが作動するようになっている。つまり、信号の数や混雑状況などによっても距離的には短くても料金が高くなる場合もあるということだ。ちなみに、高速道路では時間メーターをオフにすることが義務づけられている。

閑話休題。

要は、土地勘のないお客さんから料金が高くなる経路を告げられた場合、黙って言われた通りに走れば売り上げは上がるという話だ。

だけど、このとき、たとえ売り上げが下がっても安いほうの経路を案内できるか……。

もちろん、安いほうの経路を案内するのは当たり前だ。しかし、お客さんの指示通りに走ったと、言い訳することもできる。

僕は、聖人ではない。

さあ、どうするか？

そんなとき、僕はやはり〝天は観ている〟という気がしてならない。

タクシーはある意味、紳士の仕事だと思っている。売り上げが減ってノルマが達成できなくても、安いほうの経路を案内するのだから……。

積善に余慶あり

おかげさまで、僕は「誠さんは運がいい」と言われることが多い。そして、「運が良くなるコツは？」と訊かれることもある。

僕の一番は「小さな誠を積み重ねる」だと思っている。

あのイチロー選手も「大きな成果は、小さな積み重ね」と言っている通り、小さな誠を積み重ねることで、天への貯金になり、それに利子がついて、何かのときに返ってくるのかもしれない。

この話は、もともと母から聞いた話だ。日頃から「誠であれば、天がついて守る」と口にしていた母があるとき、祖母の話をしてくれた。僕の曾祖母、ひいおばあちゃんの話だ。

当時はまだ、ひいおばあちゃんの地元では水を主に井戸に頼っていたそうだ。

ある年、日照りが続いた夏があり、井戸が涸《か》れることを恐れ、皆、節水を始めた。

遠くから、

「水を分けてもらえますか」

とやって来ても、節水のため仕方なく断っていた。

しかし、彼女はいつも満面の笑みで、「さあさあ、遠慮せんと」と、来る人を迎え入れていた。

すると、それを聞きつけた人たちで、彼女の井戸の前には毎日行列ができた。

そのうち、周りでは井戸の水が涸れ始めた。しかし、彼女は相変わらず笑顔で、来る人来る人に水を分け続けた。

ついに、その辺りの井戸はすべて涸れてしまった。しかし、彼女の井戸だけは、幸運にも涸れることはなかった。

それどころか、逆に水が湧き続けた。


母はいまでも、墓参りに行くと当時を知る人からお礼を言われるらしい。

その母が、僕に言ってくれた言葉を思い出す。

「誠というたら弱いように思うやろ。けどな、誠ほど強いもんはないんやで。誠にはな、天がついて守ってくれはるんや」

どうも、天は誠の心が大好きのようだ。

僕の名前は、小野と誠。

「誠の斧で、この世界を切り開く」と、これまたダジャレになるが、己の世界を切り開いていきたい。

まだ、ほんの小さな斧であっても……。

おわりに

この本の執筆中に母が亡くなった。ずっと母と実家で2人暮らしをしていたので、僕は葬儀の喪主を弟夫婦に任せて、何もできないほど泣いている状況だった。

母の死は突然のことだった。夕食の支度途中だったらしく、「すぐ帰る。○時」というメモ書きがテーブルの上に置いてあった。おそらく何か夕食の材料で買い忘れたものでもあったのだろう。母は近くのスーパーに買い物に出かけていた。

僕はちょうどそのときは外出中で、スマホに電話があり、母が突然倒れて病院に運ばれたことを知った。急いで病院に駆けつけたが、そのときは母の意識はなく息だけをしている状態だった。

大動脈解離だった。母はその日のうちに帰らぬ人となった。

警察の話によると、母はスーパーの自転車置き場で突然倒れて、その場で救急車に運ばれたということだった。僕は母の自転車を取りに向かうため警察の方と一緒にスーパーに行った。

母は前カゴに野菜や何やらを積み、後ろの荷台に水のケースを積もうとした矢先に倒れたらしかった。

――そんな重い荷物……買わなくてよかったのに……。

僕はそのことを知って、その場に倒れ込んでしまい嗚咽《おえつ》するほかなかった。

後日、警察の方に頼み込んで、母が倒れるまでの様子が映っていた防犯カメラを見せてもらった。警察もこんな状況だからと特別に許可を出してくれたからだ。

そこには、レジの女性と楽しそうに話し込んでいる母の姿があった。倒れる直前まで元気にしていた母の姿。それを見たとき、僕は涙を止めることができなかったが、同時に最期まで元気でいた様子を知ることができて、感謝の気持ちでいっぱいになった。

それから、母の遺品整理などをして時を過ごすことになったが、あの自転車だけは捨てるに捨てられない。母の最後の遺品だった。でも、自転車を置いておいても仕方がない。僕は、本来はいけないことであるが、ある夜に駅の空き地に母の自転車を停めてきた。そこは毎朝、トラックがきて置きっぱなしの自転車を撤去する場所だった。

その夜は眠ることができなかった。あの自転車はどうなるのだろか。カギをかけないままだったので誰かが持っていってしまっただろうか。いつものように、昼までにはトラックに乗せられて持っていかれるのだろうか。

そんなことを考えながら、その夜は一睡もすることなく朝を迎えてしまった。

——やはり処分することなんてできない。やはり自転車を取りに戻ろう。

僕は翌朝、駅の空き地へと戻ることにした。

母の自転車は、僕が置いてきた場所にそのままあった。なぜかポツンと母の自転車だけがたたずんでいた。僕はその自転車が、誰かに乗ってほしいと訴えているように思えた。

そこでふと頭に思い浮かんだことがあった。この近くに外国人の若い女性たちが10人以上、社宅として使用している家がある。付近の住人たちは、彼女たちがつくるニンニク料理がにおうなど、苦情が絶えないという噂を耳にしていた家だ。

自転車で通勤する彼女たちの姿を何度か見かけたが、歩いている人もいて、自転車の数が足りていないようだった。もしかすると、母の自転車を快く使ってもらえるかもしれない。僕は何となくそう思って、彼女たちの家のチャイムを押した。

そして、ちょっとした勇気を持って、

「この自転車、もしよかったら、いる?」

と声をかけた。すると、彼女たちから予期せぬ言葉が飛び出した。

「お母さんの自転車だ!」

実は、彼女たちと母は知り合いだったのだ。

僕が彼女たちに母の突然の死を伝えると、口々に「なぜ、葬式に呼んでくれなかったの?」と、瞳に涙を浮かべながら、一生懸命に日本語で言ってくれた。

翌日、彼女たちは母の神棚に手を合わせに家に来てくれた。そこで母の話を聞かせてくれた。母は生前、彼女たちにゴミの出し方やら日本のマナーなどを教えてくれたらしい。しかも、やさしく接してくれたのは母だけだったという。そんな交流があったとは僕はまったく知らなかった。母は外国人が嫌いだと勝手に思っていたが、僕の知らない母の一面があったのだ。


こうして母の自転車は、いまも彼女たちに大切に使ってもらっている。あの駅の空き地で、母の自転車が誰かに乗ってほしいと言っているように見えたのは、僕に知らなかった母の姿を教えようとしたメッセージだったのかもしれない。

僕にとってのジムがそうであったように、母にとっての自転車は母の人生のパートナーだったのではないだろうか。

僕の母親のことだ。きっとあの自転車に名前を付けていたのかもしれない。

自転車から生まれた奇跡のような話——。

僕はけっして忘れない。大丈夫。もう僕は1人ではないのだから。

謝辞

この『伝説の名言タクシー 一期一会の物語』が誕生するまで、本当に長い年月が経ちました。

ひすいこたろうさんから、「この話、本をするといいよ」と言われ、多くの仲間からも応援されて僕はすっかりその気になりました。でも、ある出版社の編者者の方からは何度もダメ出しをされ、時が過ぎるままにいっこうに日の目を見ることがありませんでした。

そんなとき、編集者の稲川智士さんから「いや、絶対にいい本になるから」と励まされ、遅れに遅れる原稿を我慢強く待っていただき、無事にこのときを迎えることができました。そして、快く出版を承諾していただいたビジネス社さんには感謝してもしきれません。

そして、ひすいこたろうさん。追っかけ弟子のように付いて回り、いつしか僕を師範代として見守ってくれたことは、僕の人生を変えてくれた師匠です。いまは師範代を卒業しましたが、彼なくして僕の人生はなかったと言っても過言ではありません。

また、師範代として活動するなかで出会った多くの人たち。なかなか出版が決まらなかったとき、「誠さんの本を出そう」と笑顔で言ってくださった吉武大輔さん。苦手なパソコン作業を笑顔で手伝ってくださったハンザワミチコさん。僕の合宿を開催するという冒険に笑顔で挑んでくださった福田テレサさん。本の校正を手伝ってくださった国語の辻先生。

200万部を超える秘訣を教えてくださったホームレス中学生の田村裕さん。本のヒントをたくさんくださった佐藤由美子さん。

暗くなっても夕日を見続けている僕に、「まことぅー（誠）、そぅけー、なんくるないさー」と声をかけてくださった首里《しゅり》城のおじいさん。中国語にも翻訳したいと言ってくれた大学院留学生の龍さん。

どんなときも、いつもすぐそばにいてくれた彼女さん。

まだまだ書ききれないくらい感謝があふれてきますが、みなさんから多くの学びをいただきました。ありがとうございます。

そして、神田莉緒香さん。タクシーにご乗車いただいたのは何年も前のことなのに僕を覚えていてくれて、快く本の帯の言葉まで書いてくださってうれしかったです。本当にありがとうございます。

タクシードライバーとして、先輩、同僚の仲間には本当にお世話になりました。いまもドライバーを続けている方、僕と同じようにドライバーを卒業して、次の人生を歩んでいる方など、僕はタクシードライバー仲間を誇りに思います。

さまざまな人たちを送り届け、お客さまに安心を提供する仕事は何にも代えがたいものです。この本で、そんなメッセージも伝えられたら、僕にとってもこのうえない幸せです。

そして最後に、僕のタクシーに乗車くださった、数えきれない皆さま。

人生は一期一会。僕にとって人生に彩りを与えてくれたのは、お客さまです。名言カードを喜んで受け取っていただいたとき、幸せをもらっていたのは間違いなく僕のほうです。本当にありがとうございます。

この本を読んだ人にうれしい奇跡が訪れますように――そう信じて、ペンを置きます。

ありがとうございます。

【著者プロフィール】

おのまこと

仕事を突然クビになるなど、人生のどん底にいたある夜、偉人の名言を読めば元気が出るかもしれないと開いたノートパソコンで、ひすいこたろう氏の「名言セラピー」というブログを読み、心を打たれる。その後、2009年よりタクシードライバーを始める。タクシーの乗客に名言カードをプレゼントする「名言タクシー」としてテレビで紹介されるなど話題に。2013年にひすい氏より師範代に任命され活動をともにする。2017年にタクシードライバーを退職。その後は、ツアードライバーなどをやりながら、2023年まで活動後に師範代を卒業。現在は講演会など、新しい道へ向かっている。

本書は初めての著著となる。

伝説の名言タクシー　一期一会の物語

2025年4月1日　第1刷発行

著　者　おのまこと
発行者　唐津　隆
発行所　株式会社ビジネス社
〒162－0805　東京都新宿区矢来町114番地　神楽坂高橋ビル5F
電話　03－5227－1602　FAX 03－5227－1603
URL　https://www.business-sha.co.jp/

〈カバーデザイン〉常松靖史（チューン）
〈カバーイラスト・本文挿絵〉なかむら葉子
〈本文デザイン＆DTP〉有限会社メディアネット
〈印刷・製本〉モリモト印刷株式会社
〈編集担当〉稲川智士　〈営業担当〉山口健志

ISBN978-4-8284-2644-0